《만화로 보는 수의사의 세계》를 먼저 읽은 독자들의 메시지

한빛비즈 코리딩 클럽(Co-reading Club)은 출간 전 원고를 '함께 읽고' 출간 과정을 함께하는 활동입니다.
이번 코리딩 클럽 멤버들은 이 책을 먼저 읽고 편집과 디자인, 마케팅에 많은 아이디어를 주었습니다. 코리딩 클럽 2호 멤버 여러분의 아낌없는 도움에 감사의 마음을 전하며, 《만화로 보는 수의사의 세계》에 남긴 그분들의 소감을 소개합니다.

가볍고 편안하게 읽히면서도 '수의사'라는 직업에 빠져드는 시간이었어요. 역시 어떤 직업이든 만만한 분야가 없다는 것을 다시금 깨달았어요.

남쪽책순이

작가님의 직업 정신이 정말 멋있어요! 반려동물을 키우고 있는데, 동물 치료에 관한 여러 지식을 알 수 있어서 좋았어요!

후나

수의사란 동물의 생로병사를 함께하는, 무거운 책임감을 지닌 의사라고 새삼 생각하게 되었어요. 수의사가 꿈인 아이가 있다면 이 책을 꼭 보여주고 싶어요.

최오리

진료실 너머에서 어떤 일이 일어나는지 간접적으로 경험할 수 있었어요. 고객이 아닌 수의사의 입장에서 생각해볼 수 있는 기회가 되어 좋았습니다.

하여민

수의사라는 직업을 낱낱이 파헤쳐 소개해주는 멋진 책! 잘 알지 못했던 또 다른 직업의 세계를 엿볼 수 있어서 추천합니다. 앞으로 커리어툰에 더 많은 직업들이 추가되었으면 합니다.

천지민

수의사의 삶을 들여다볼 수 있어서 정말 좋았어요! 처음에 작가님의 일생을 짧게나마 보여주신 게 특히 좋았는데요. 진로가 고정되어 있는 게 아니라 자라면서 바뀌기도 한다는 점, 또 스스로 진로를 찾아갈 수 있다는 점을 아이들이 배울 수 있을 것 같아요.

임선진 북도깨비

얼마 전 반려동물을 맞이한 언니에게 추천하고 싶은 책이에요. 많은 사례를 통해 여러 동물에 대해서도 알게 되어 뜻깊은 시간이었어요.

소선미

이왕 선택하는 직업, 작가님처럼 애정을 가질 수 있는 일을 찾고 싶어요!

진유미

수의사에 대한 정보가 꼼꼼하게 기록되어 있어서 수의사를 꿈꾸는 분들이 새로운 목표를 가질 수 있을 것 같아요. 진로에 더 폭넓은 선택이 있다는 것을 알리는 커리어툰으로 성장하길 기대할게요!

써니

반려견을 키우고 있는데, 동물 병원을 고르는 방법 등 여러 가지 궁금증이 많았거든요. 이 책을 읽고 많이 해결되었어요. 반려동물을 키우는 분들에게 추천!

이혜민

만화로 보는
수의사의 세계

디지털 스티커 무료 다운로드.
태블릿 등에서 사용할 수 있는 귀여운 디지털 스티커입니다.

만화로 보는 수의사의 세계

초판 1쇄 발행 2023년 5월 25일
초판 2쇄 발행 2024년 10월 3일

지은이 수의사 기역

펴낸이 조기흠
총괄 이수동 / **책임편집** 최진 / **기획편집** 박의성, 유지윤, 이지은, 박소현
마케팅 박태규, 김선영, 임은희, 김예인 / **제작** 박성우, 김정우
교정교열 송인아 / **디자인** 채홍디자인

펴낸곳 한빛비즈(주) / **주소** 서울시 서대문구 연희로2길 62 4층
전화 02-325-5506 / **팩스** 02-326-1566
등록 2008년 1월 14일 제25100-2017-000062호

ISBN 979-11-5784-665-8 03520

이 책에 대한 의견이나 오탈자 및 잘못된 내용에 대한 수정 정보는 한빛비즈의 홈페이지나
이메일(hanbitbiz@hanbit.co.kr)로 알려주십시오. 잘못된 책은 구입하신 서점에서 교환해드립니다.
책값은 뒤표지에 표시되어 있습니다.

hanbitbiz.com facebook.com/hanbitbiz post.naver.com/hanbit_biz
youtube.com/한빛비즈 instagram.com/hanbitbiz

Published by Hanbit Biz, Inc. Printed in Korea
Copyright ⓒ 2023 수의사 기역 & Hanbit Biz, Inc.
이 책의 저작권은 수의사 기역과 한빛비즈(주)에 있습니다.
저작권법에 의해 보호를 받는 저작물이므로 무단 복제 및 무단 전재를 금합니다.

지금 하지 않으면 할 수 없는 일이 있습니다.
책으로 펴내고 싶은 아이디어나 원고를 메일(**hanbitbiz@hanbit.co.kr**)로 보내주세요.
한빛비즈는 여러분의 소중한 경험과 지식을 기다리고 있습니다.

만화로 보는
수의사의 세계

글·그림 수의사 기역

|B 한빛비즈
Hanbit Biz, Inc.

차례

프롤로그 만화를 시작하게 된 이유 ◆ 6

1장 | 수의사라는 직업

수의사가 된 이유 ◆ 12
수의사라는 직업은 ① ◆ 20
수의사라는 직업은 ② ◆ 27
생명 존중은 누가 ◆ 37
다양한 수의대생 ◆ 45
병아리 시절 ① ◆ 54
병아리 시절 ② ◆ 58
병아리 시절 ③ ◆ 67
인턴 지원하기 ◆ 71
인턴 수난기 ◆ 75
수의사의 패션 ◆ 81
수의사의 연애 ◆ 94
연구직 수의사 ◆ 102
공항에서의 수의사 ◆ 111
양돈 수의사 ◆ 119
동물 병원에도 전공자가 있나요 ◆ 128
여자라서 서러워요 ◆ 137
당신이 잠든 사이에 ◆ 146

2장 | 찐 동물 병원의 삶

귀여운 보호자들 ◆ 156
진료가 어려운 이유 ◆ 164
너의 이름은 ◆ 181
전염병 ◆ 189
특수동물 친구들 ◆ 202
털 ◆ 211
배식 ◆ 223
견상가 기억 ① ◆ 236
견상가 기억 ② ◆ 245
다양한 질병들 ◆ 254
먹이지 마세요 제발 ◆ 263
위기 탈출 넘버원 ① ◆ 274
위기 탈출 넘버원 ② ◆ 280
학대 ◆ 289
어떤 병원으로 가야 할까 ◆ 297
누군가는 반성하길 바라며 ◆ 317

부록 Q&A ◆ 330

에필로그 ◆ 334

프롤로그. 만화를 시작하게 된 이유

라는 대답이 모~든 수의사에게 나옵니다.

물론 지금은 괜찮습니다.
빡치는 일은 여전히 차고 넘치지만
여기서 하소연하겠습니다.

 혈압 낮으신 분들 환영

저혈압 치료제
수의사 생활
지금 시작합니다.

1장
수의사라는 직업

수의사가 된 이유

*파보 장염: '파보(parvo)'라는 전염성 바이러스에 감염되어 심한 구토 및 설사가 나타나는 질환. 사망률이 매우 높다.

 이렇게 저는 수의사가 되었습니다.

수의사라는 직업은 1

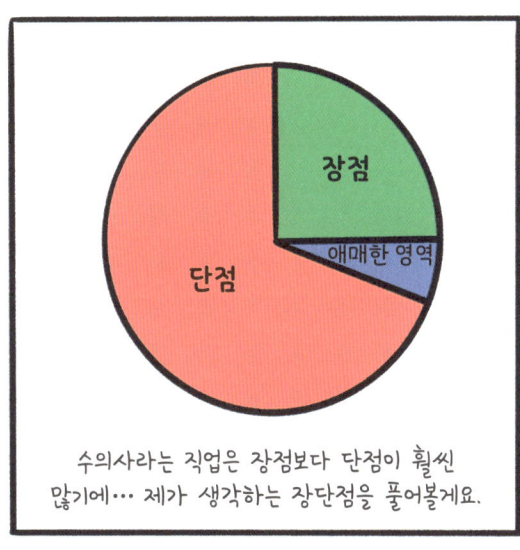

수의사라는 직업은 장점보다 단점이 훨씬 많기에… 제가 생각하는 장단점을 풀어볼게요.

대부분의 장점은 키우는 강아지나 고양이가 있을 때 유효한 것들이에요.

멍!
냥!

제가 키우는 강아지와 고양이를 소개합니다!

수의사라는 직업은 2

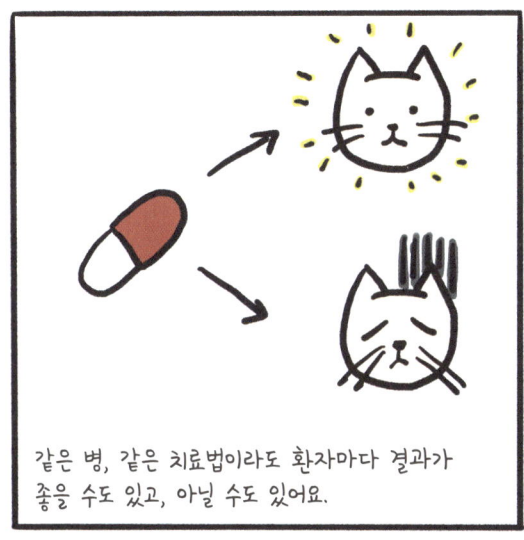

같은 병, 같은 치료법이라도 환자마다 결과가 좋을 수도 있고, 아닐 수도 있어요.

아무리 좋은 치료를 한다 해도 결과가 안 좋을 수 있는 거죠.

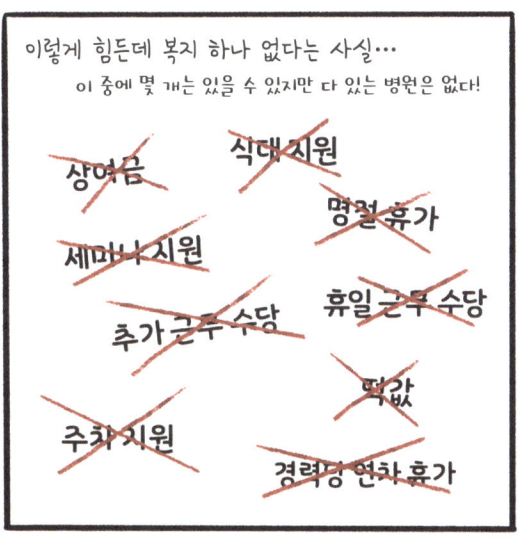

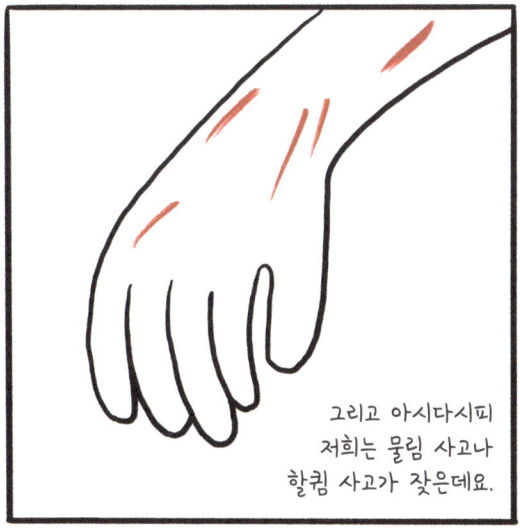

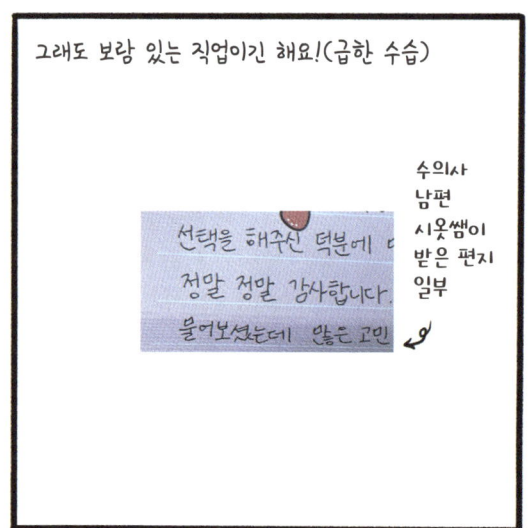

생명 존중은 누가

이 아이 치료하는 데에,
① 혈액 검사
② 영상 검사(엑스레이, 초음파)
③ 상담
④ 수술
⑤ 입원

등의 여러 과정을 거치는데,
20만 원이요?

너 동물 사랑해서 수의사된 거 아니야?
네가 20만 원에 안 해줄 거면
나 그냥 안락사시킬 거야.
그럼 네가 얘 죽이는 건데
괜찮겠어?

강아지가 못 알아들으니 천만다행인 말이었죠.
자기 강아지 목숨을 담보로 협상이라니···

수차례 말다툼이 있었지만
보호자님은 계속 터무니없는
금액을 제시했어요.

결국 보호자님은 그냥 가겠다며
상태가 좋지 않은 아이를
데려가셨어요.
아이가 다른 병원으로 갔을지···
치료 받지 못한 채 집으로 갔을지···
결과는 보호자님만 알겠죠.

무조건적인 사랑은 저희에게
강요할 게 아니에요.
보호자가 먼저 아이들을 사랑해주셔야죠.

보호자의 행동에 따라
아이들의 삶의 질이 달라집니다.

저희도 생명을 존중하고
최선을 다할 테니
보호자만 바라보는 아이들을
행복하게 해주세요.

다양한 수의대생

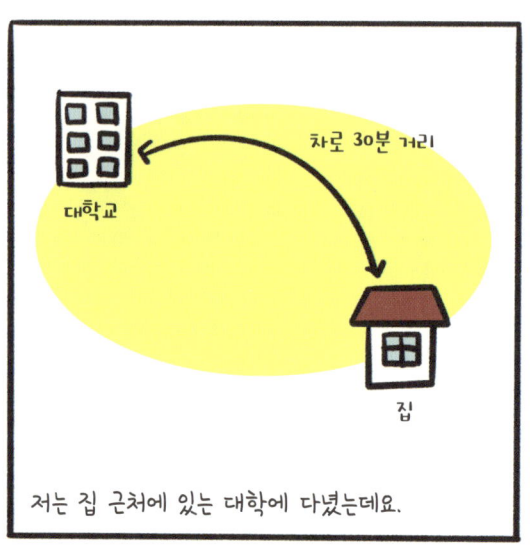

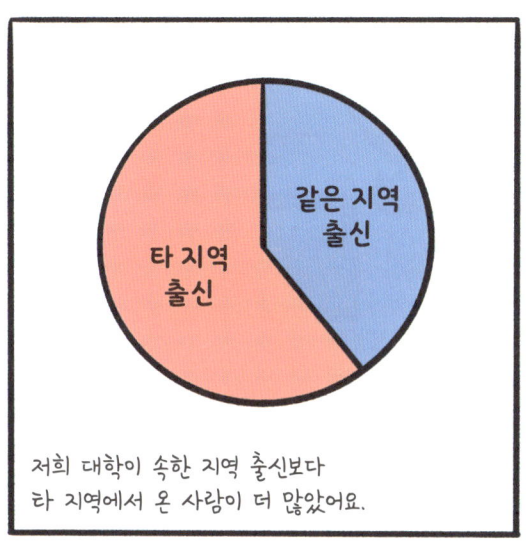

저희 대학이 속한 지역 출신보다 타 지역에서 온 사람이 더 많았어요.

그러다 보니 자취하는 사람이 많아 학교 앞 원룸촌은 거의 수의대 마을 수준이었죠.

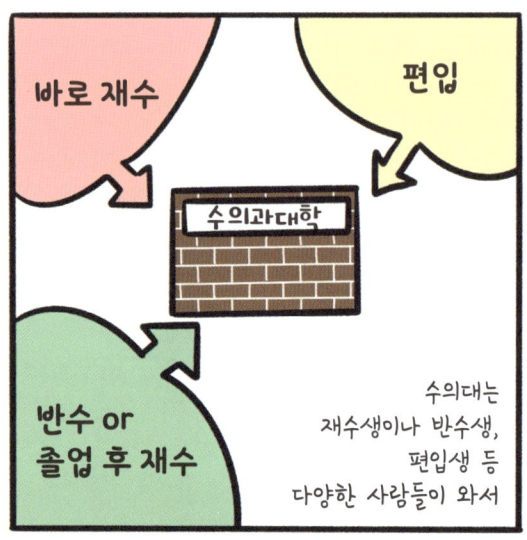

*왕고: '왕고참'이라고 하기도 함. 가장 나이 많은 사람을 의미하는 은어.

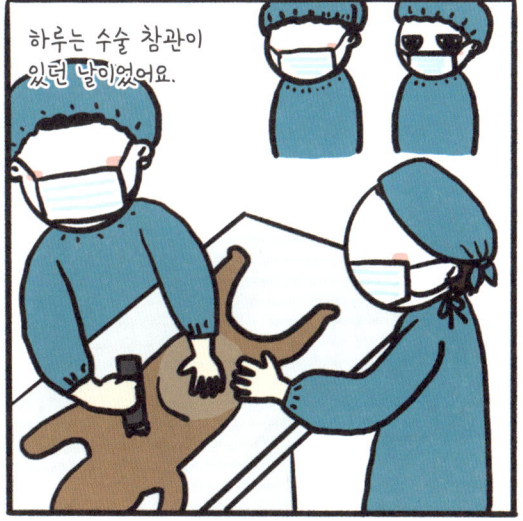

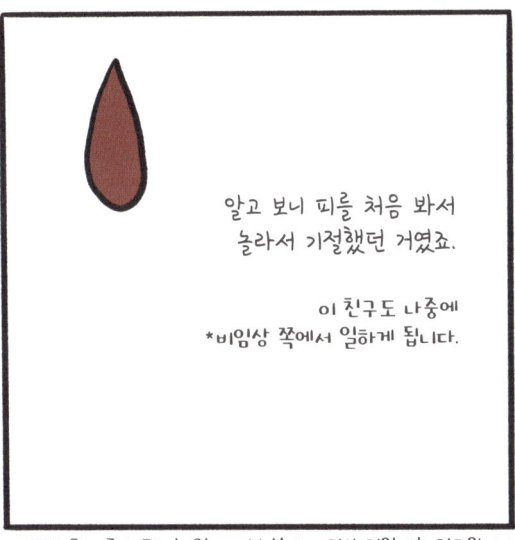

알고 보니 피를 처음 봐서 놀라서 기절했던 거였죠.

이 친구도 나중에 *비임상 쪽에서 일하게 됩니다.

*비임상: 환자를 치료하는 일이 아닌 분야. 비임상 직업에는 연구원이나 회사원, 공무원 등이 있음.

정말 다양한 수의대생이 존재하죠?

병아리 시절 1

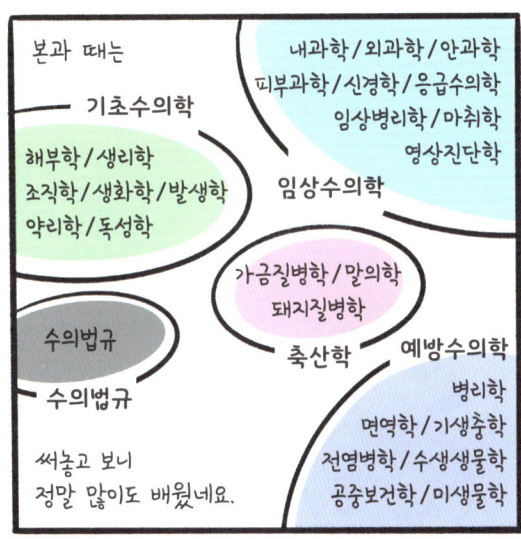

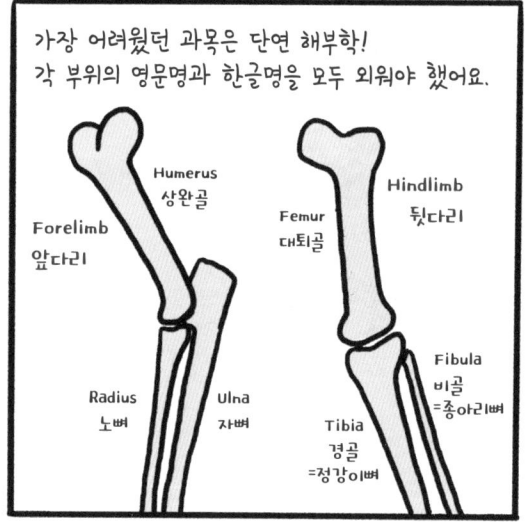

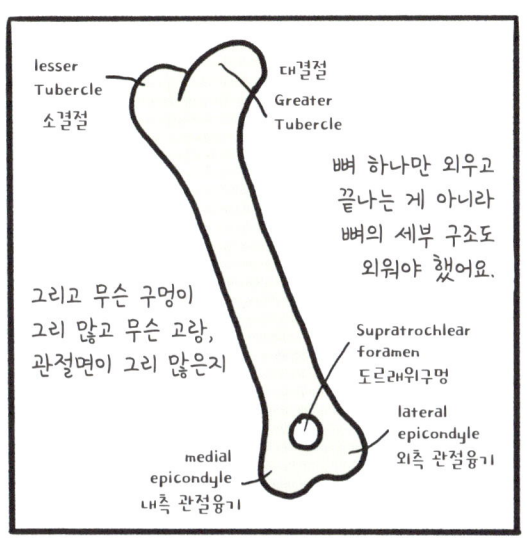

병아리 시절 2

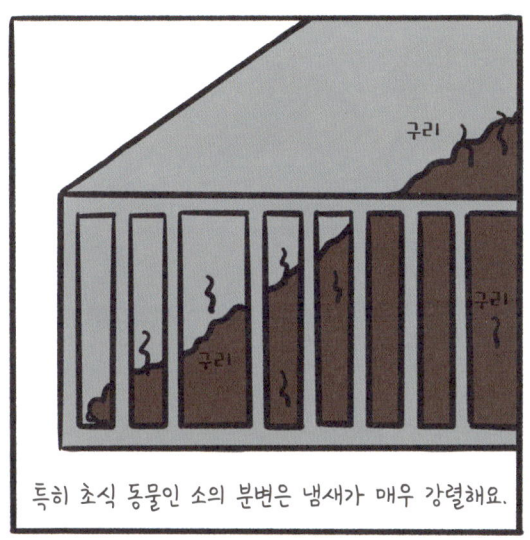

특히 초식 동물인 소의 분변은 냄새가 매우 강렬해요.

그래서 실습 때는 *방역복과 장화를 착장하죠.

머리카락도 잘 넣어야 머리에 냄새가 안 뱀

장갑

응가를 밟아도 괜찮을 장화

*방역복: 병이 옮는 것을 막기 위한 옷. 작업복으로도 많이 입는다. 후드 달린 긴팔 점프슈트같이 생김.

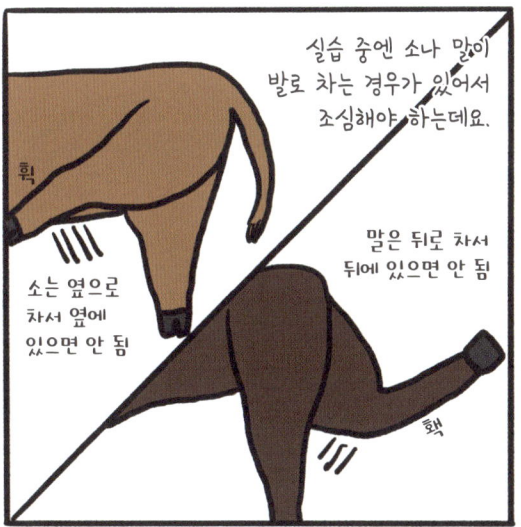

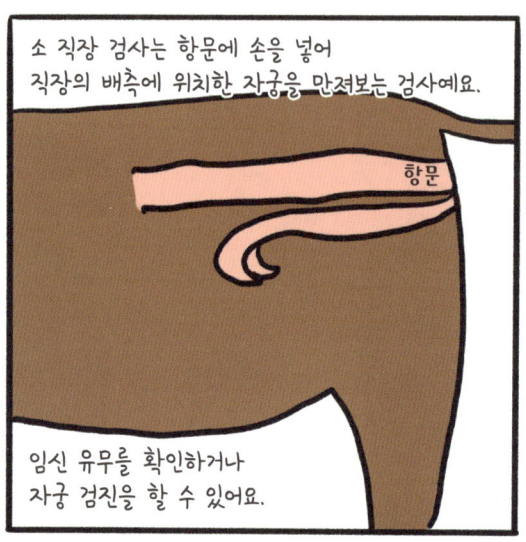

소 직장 검사는 항문에 손을 넣어
직장의 배측에 위치한 자궁을 만져보는 검사예요.

임신 유무를 확인하거나
자궁 검진을 할 수 있어요.

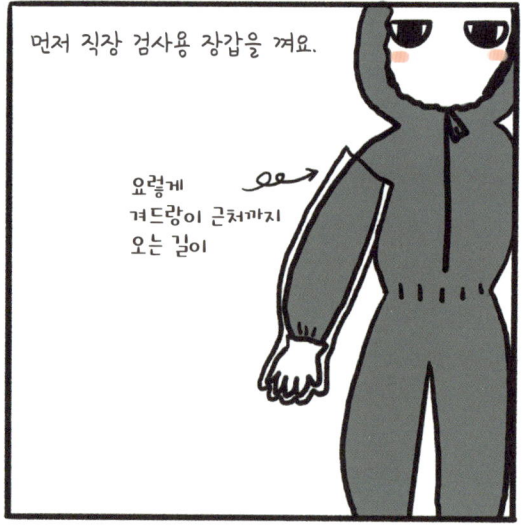

먼저 직장 검사용 장갑을 껴요.

요렇게
겨드랑이 근처까지
오는 길이

병아리 시절 3

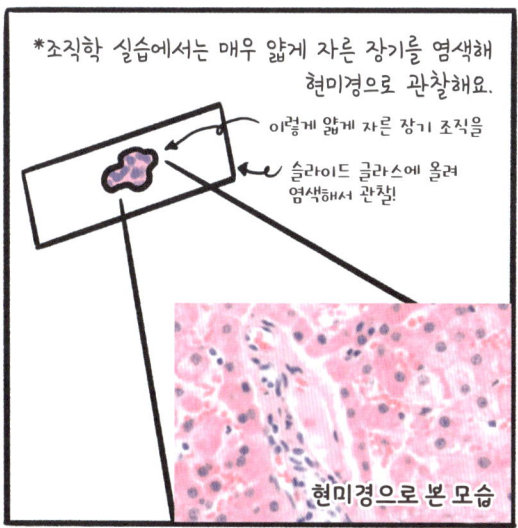

*조직학: 현미경으로 생물체의 조직을 연구하는 학문.

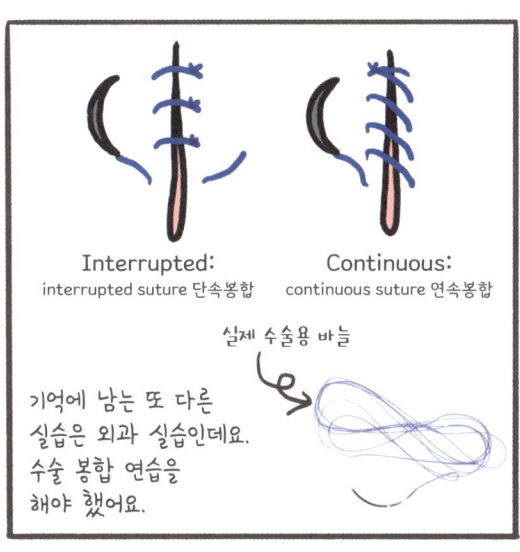

Interrupted:
interrupted suture 단속봉합

Continuous:
continuous suture 연속봉합

실제 수술용 바늘

기억에 남는 또 다른
실습은 외과 실습인데요.
수술 봉합 연습을
해야 했어요.

실제 살에 연습해볼 수 없으니
큰 천 방석을 사다가 연습했어요.

뜻밖의
바느질 시간

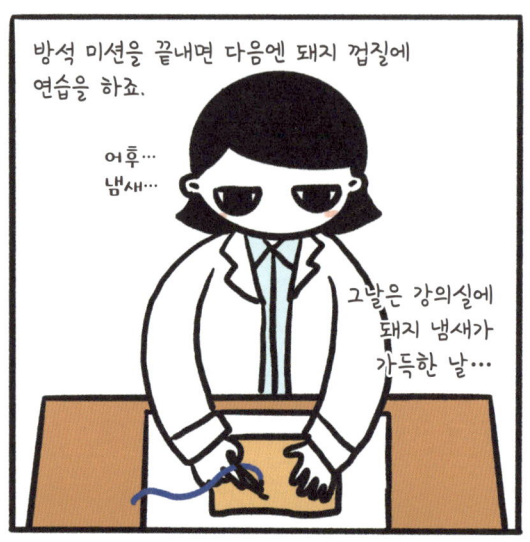

인턴 지원하기

인턴 수난기

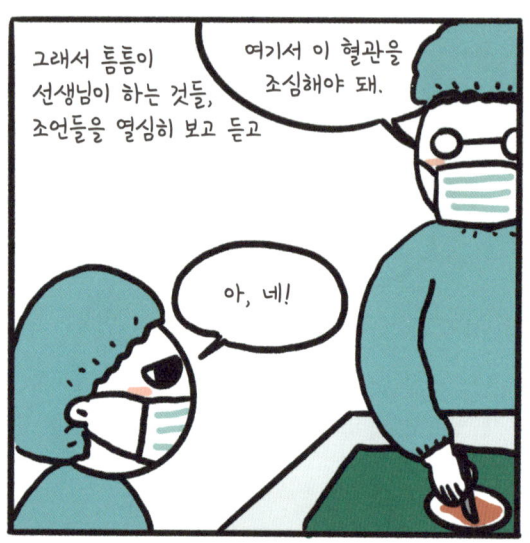

*라인 잡기: 수액을 맞기 위해 혈관을 찾아서 카테터를 장착하는 것.
*드레싱: 수술 부위에 붕대를 감는 것.

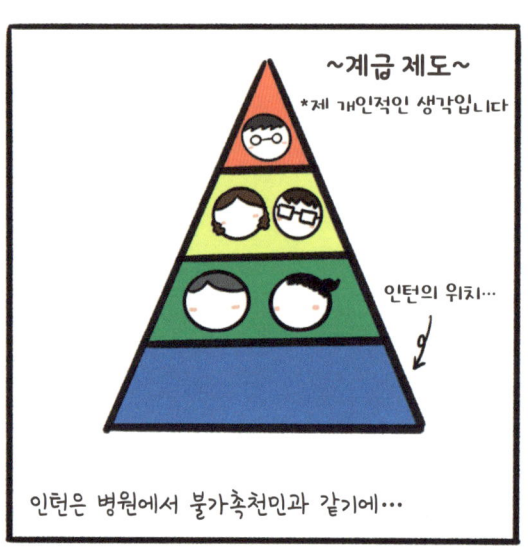

수의사의 패션

*혈액 검사 튜브: 채취한 혈액을 담는 작은 통.

*테크니션: 쉽게 말해 동물 병원 간호사. 보정이나 기타 잡일을 돕는다.

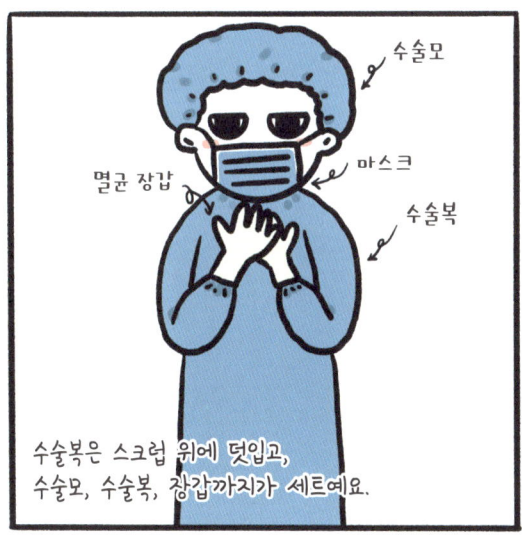

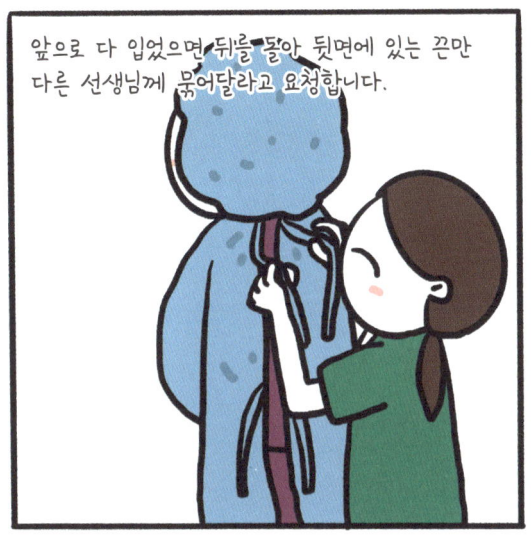

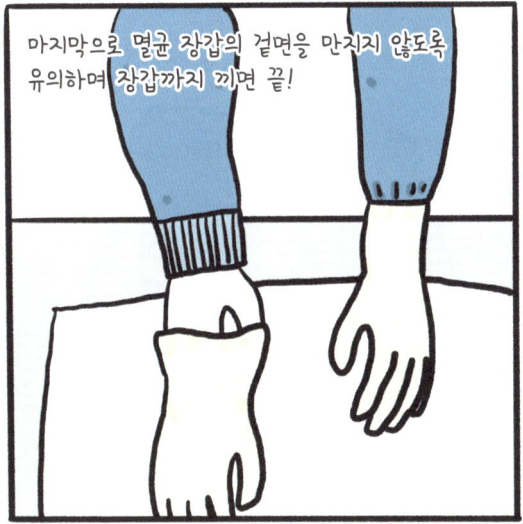

신발은 날카로운 물건이 발등에 떨어질 수 있어서 발등을 덮는 걸 신어요.

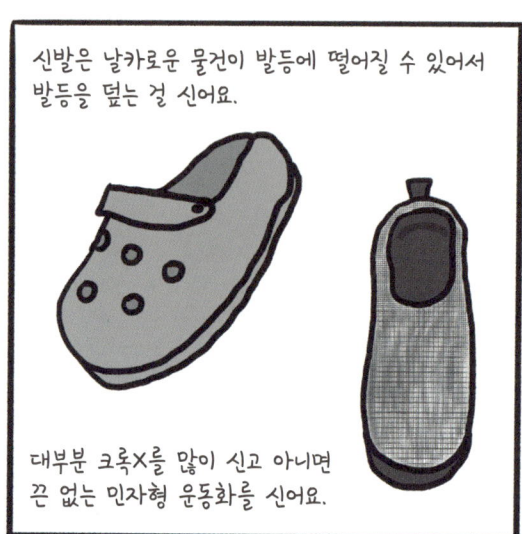

대부분 크록X를 많이 신고 아니면 끈 없는 민자형 운동화를 신어요.

크록X에 아이템을 끼워 각자 개성대로 꾸미기도 하죠.

출근하자마자 앞에서 소개한 신발과 스크럽으로 갈아입어야 하기 때문에

출근 룩은 벗기 쉬운 티셔츠, 트레이닝 바지, 원피스 등을 많이 입는 것 같습니다.

수의사의 연애

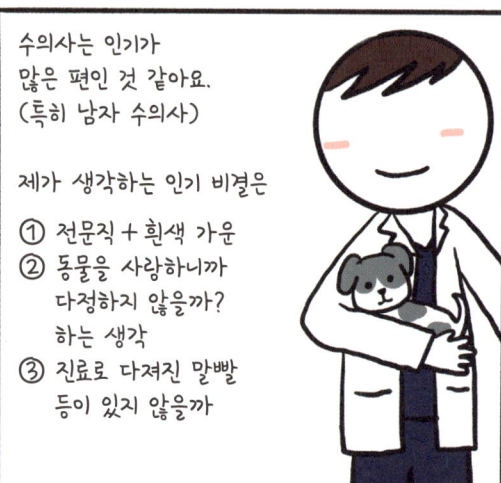

수의사와 연애하면 좋은 점은 무엇이고,
단점은 무엇일까요?

*기역의 주관적인 생각을
아주 듬뿍 담았습니다.

수의사 기역이 생각하는
수의사와 연애할 때 **장점**

장점 ① 내 새끼 주치의가 생긴다.

혹시 키우는 강아지나 고양이가 있다면
애인이 *주치의가 되어줄 테니 내 새끼에게는 매우
좋은 일 아닐까요.

*주치의: 담당 의사.

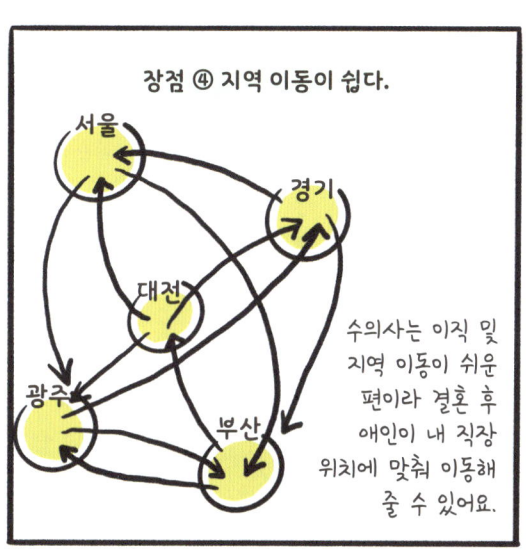

그렇다면, **단점**은 무엇이 있을까요?

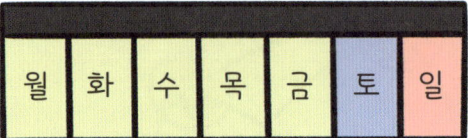

단점 ① 주말에 못 쉰다.

보통 데이트는 주말에 하시죠?
수의사들은 주말을 아예 못 쉬거나
하루만 쉴 수 있는 게 대부분이에요.

단점 ② 시간표가 왔다 갔다 한다.

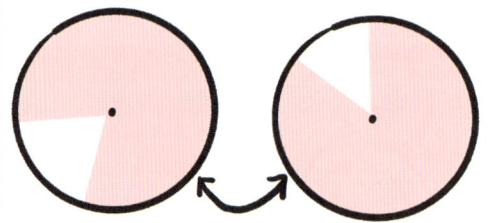

하다못해 저녁 데이트라도 하면 좋겠지만
오전/오후/야간 근무로 삼교대를 하기도 하고
교대 근무가 아니어도 8시 정도에 끝날 수도 있어요.

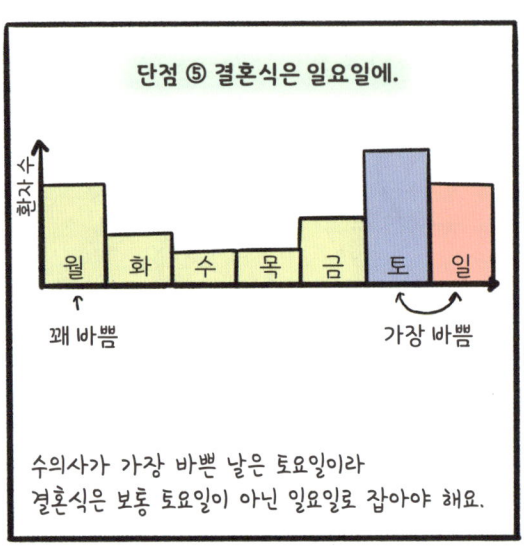

수의사가 가장 바쁜 날은 토요일이라
결혼식은 보통 토요일이 아닌 일요일로 잡아야 해요.

연인들이 함께 있길 바라는 크리스마스,
신년 등에도 일하는 경우가 많고 명절에도
잘 못 쉬어서 결혼 후 행사 참여가 어려워요.

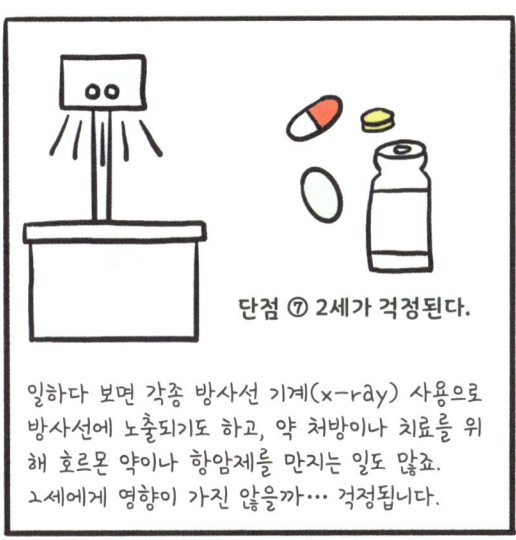

단점 ⑦ 2세가 걱정된다.

일하다 보면 각종 방사선 기계(x-ray) 사용으로 방사선에 노출되기도 하고, 약 처방이나 치료를 위해 호르몬 약이나 항암제를 만지는 일도 많죠. 2세에게 영향이 가진 않을까… 걱정됩니다.

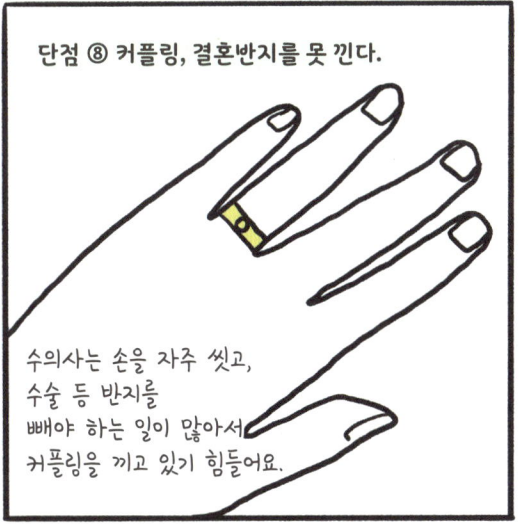

단점 ⑧ 커플링, 결혼반지를 못 낀다.

수의사는 손을 자주 씻고, 수술 등 반지를 빼야 하는 일이 많아서 커플링을 끼고 있기 힘들어요.

 그래도 수의사의 삶을 이해하고 배려하면 행복한 연애를 할 수 있을 거예요.

연구직 수의사

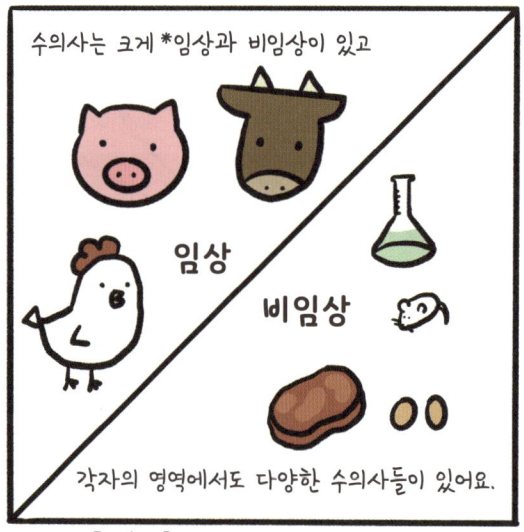

*임상: 진료를 보는 의학.

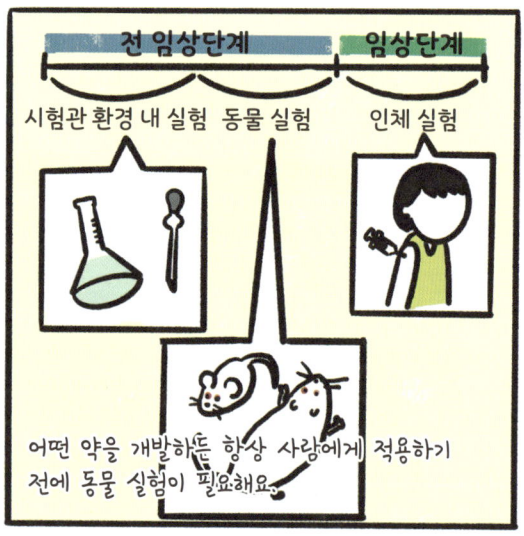

동물 실험을 수행할 땐 실험동물윤리(IACUC)와 실험동물 관리를 위해 수의사가 필요하죠.

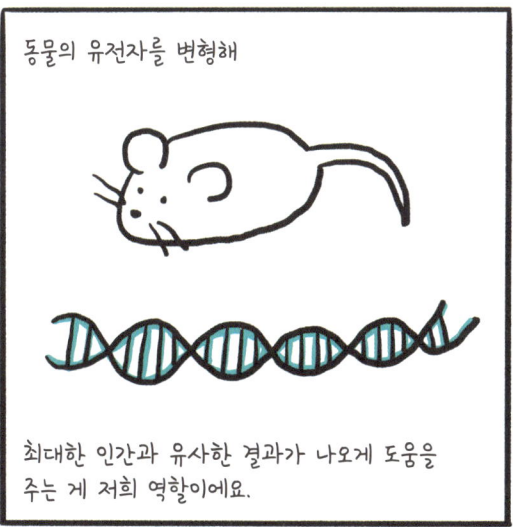

동물의 유전자를 변형해

최대한 인간과 유사한 결과가 나오게 도움을 주는 게 저희 역할이에요.

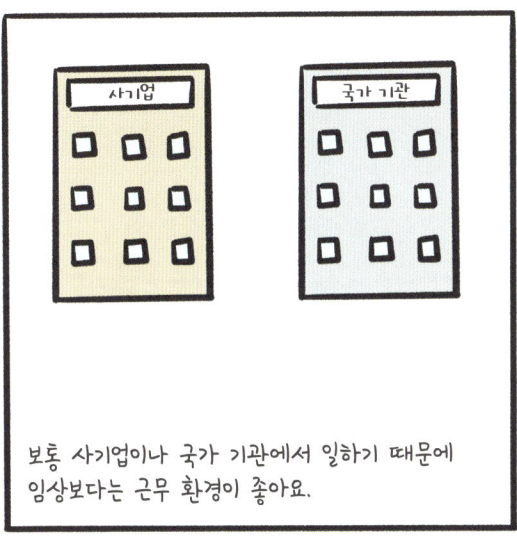

보통 사기업이나 국가 기관에서 일하기 때문에 임상보다는 근무 환경이 좋아요.

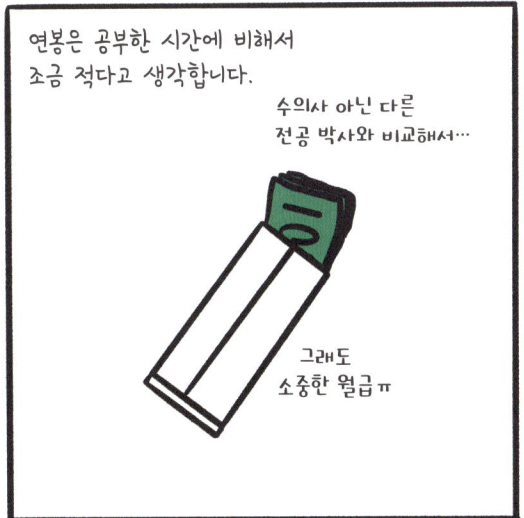

연봉은 공부한 시간에 비해서 조금 적다고 생각합니다.

수의사 아닌 다른 전공 박사와 비교해서…

그래도 소중한 월급ㅠ

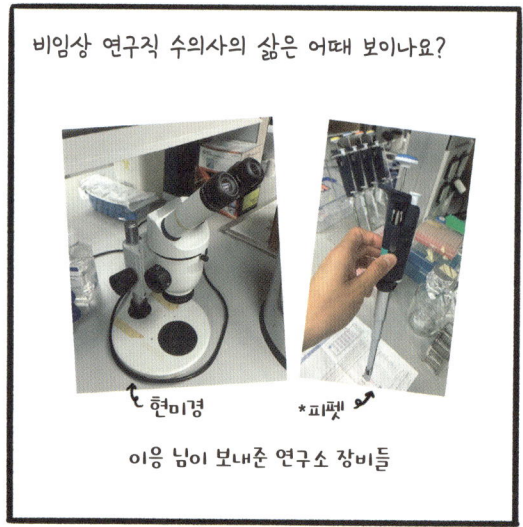

비임상 연구직 수의사의 삶은 어때 보이나요?

↑ 현미경   *피펫

이응 님이 보내준 연구소 장비들

*피펫: 액체의 일정량을 가하거나 꺼내는 기구.

공항에서의 수의사

연봉도 7급 공무원 기준으로 보시면 됩니다.

제가 하는 '동물 검역관'은 수의직 7급 공무원으로, 수의사만 할 수 있습니다.

저희는 승객들의 짐에 반입 금지 물품이 있나 검사합니다.

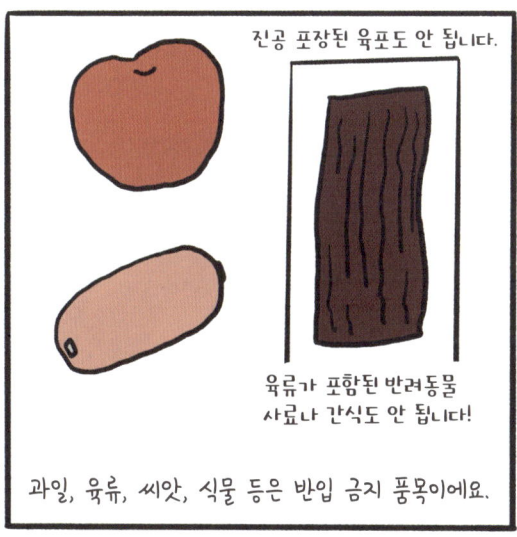

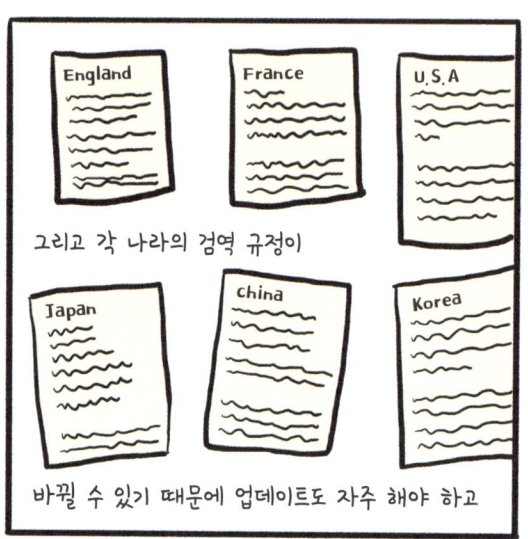

그리고 각 나라의 검역 규정이

바뀔 수 있기 때문에 업데이트도 자주 해야 하고

외국인을 대하는 경우가 많아서
영어도 잘해야 합니다.

 공항에서의 수의사 어때 보이나요?

양돈 수의사

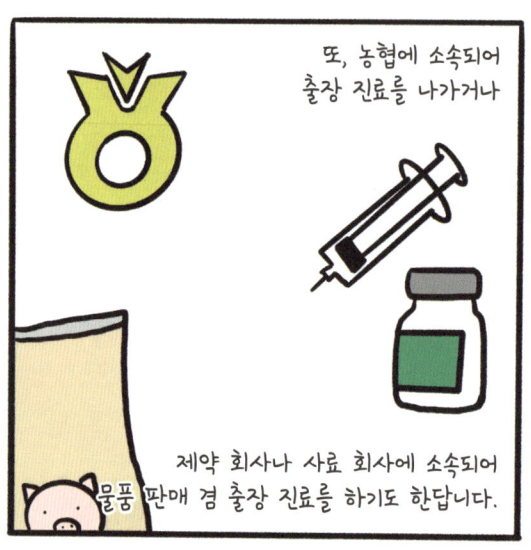

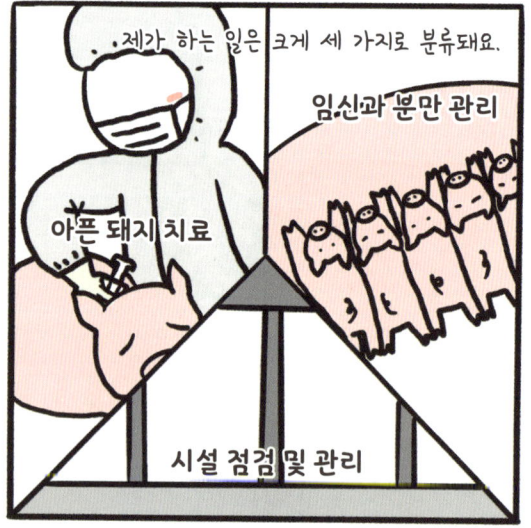

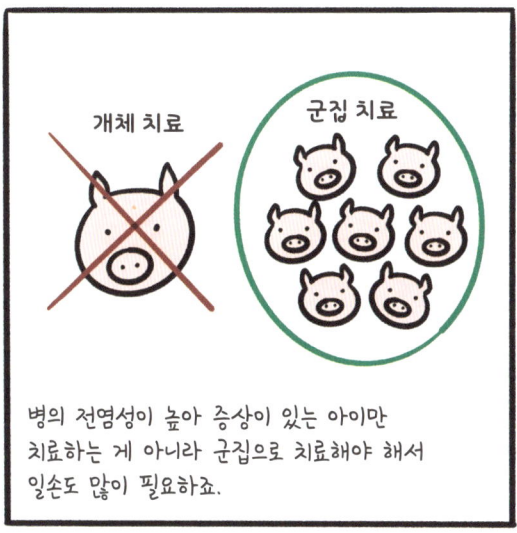

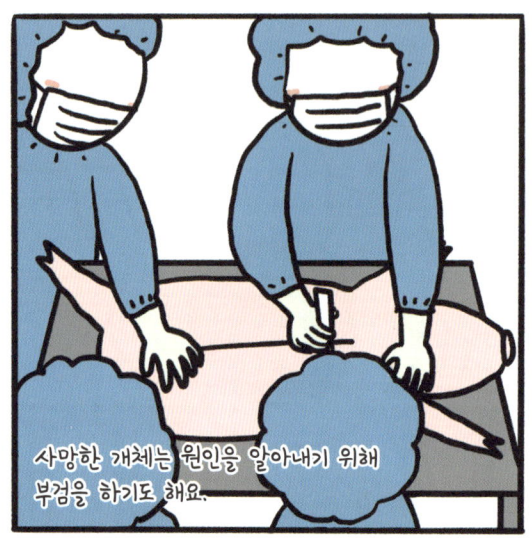

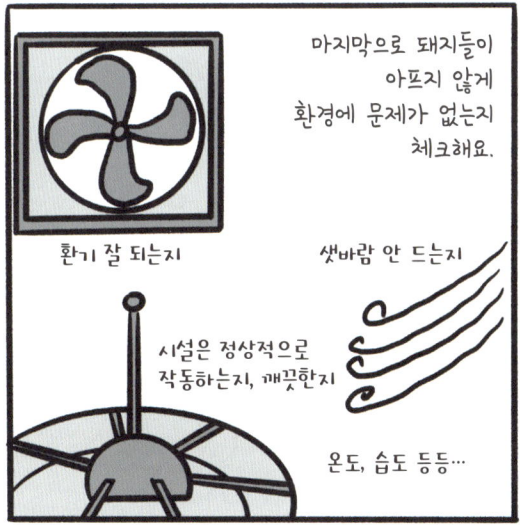

주 6일 혹은 5.5일 근무여서
휴일이 거의 없어요.

일	월	화	수	목	금	토
					1	2	3
4	5	6	7	8	9	10
11	12	13	14	15	16	17
18	19	20	21	22	23	24
25	26	27	28	29	30	

주 5.5 근무 예시 → 휴일

돼지는 매우 커서 힘도 많이 필요하고
작은 움직임에도 크게 다칠 수 있어서 조심해야 해요.

어미 돼지의 경우
300kg까지
나갈 수도…

돼지 사이에 껴서
골절될 수도 있어요

*돈사에서 일하다 보니 몸에 분뇨 냄새가 배기도 하죠.

*돈사: 돼지를 키우는 건물.

대신 돈은 많이 법니다.

수의사가 할 수 있는 직업들 중에 평균 소득이 가장 높지 않을까 싶어요.

동물 병원에도 전공자가 있나요

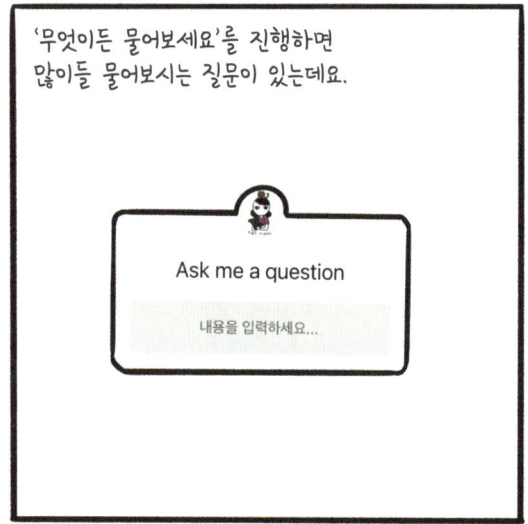

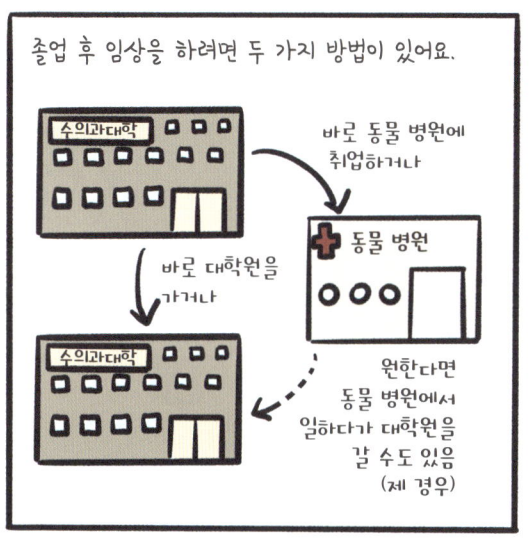

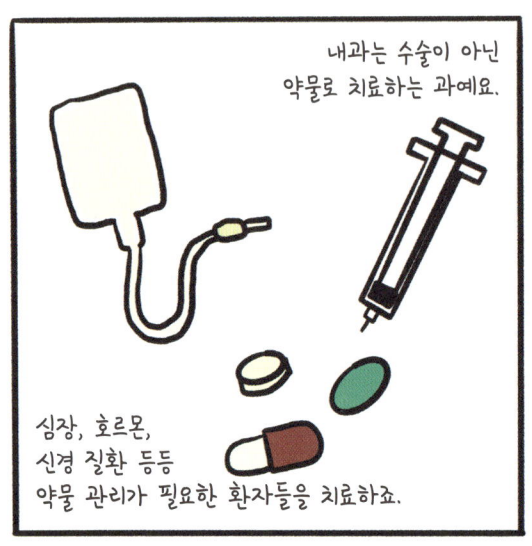

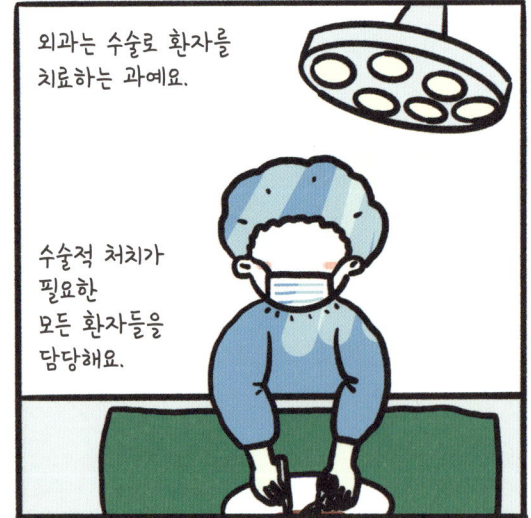

영상은 엑스레이, 초음파, CT, MRI 등을 판독하는 일을 해요. 영상 검사를 통해 환자 진단에 큰 역할을 하죠.

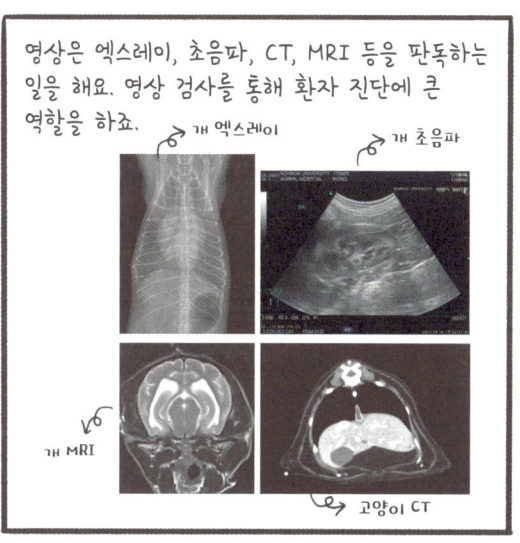

그렇다면 전공자와 비전공자의 차이는 무엇이 있을까요?

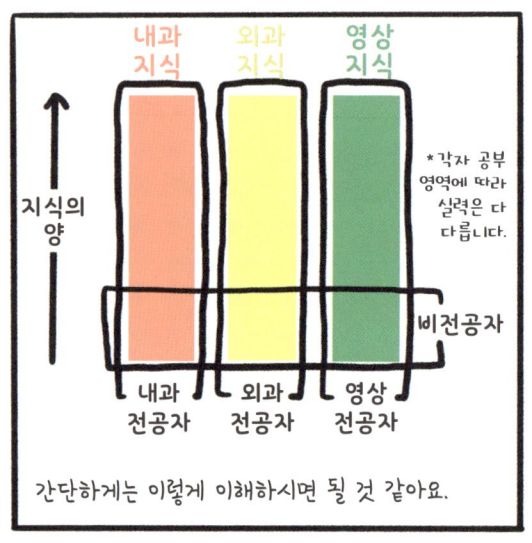

*비전공자분들도 공부 많이 하셔서 전공자만큼 실력 있으시기도 해요.

전공자가 되면 병원에서 연봉이나 대우가 좀 더 낫지만

전공한 과 영역을 책임져야 하기 때문에 다른 과 영역의 진료를 보기 어렵다는 단점이 있어요.

게다가 전공한 분야는 온전히 책임져야 하기 때문에 어깨가 무거워지죠.

병원에 따라 강의를 해야 하는 경우도 있습니다.

전공자와 비전공자 모두 꼭 필요한 선생님들이랍니다.

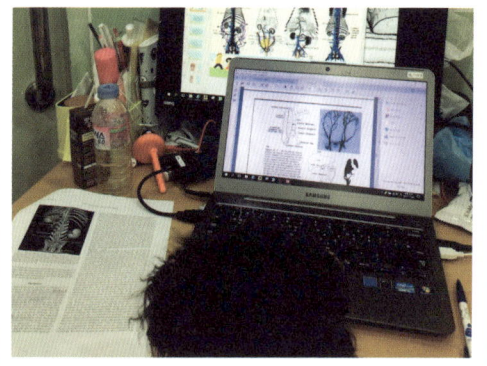

학교에서 댕이와 공부했던 시절

여자라서 서러워요

수의자는 당연히 남자도 있고 여자도 있는데요.

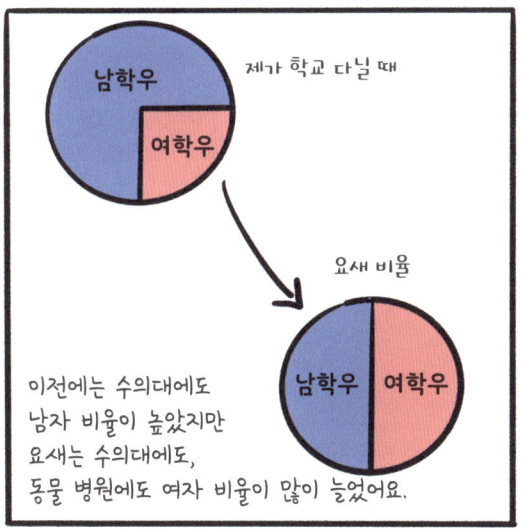

제가 학교 다닐 때

요새 비율

이전에는 수의대에도 남자 비율이 높았지만 요새는 수의대에도, 동물 병원에도 여자 비율이 많이 늘었어요.

하지만 일부 보호자들은 여자 수의사에 대한 편견이 있으셔서 서러운 일이 많아요.

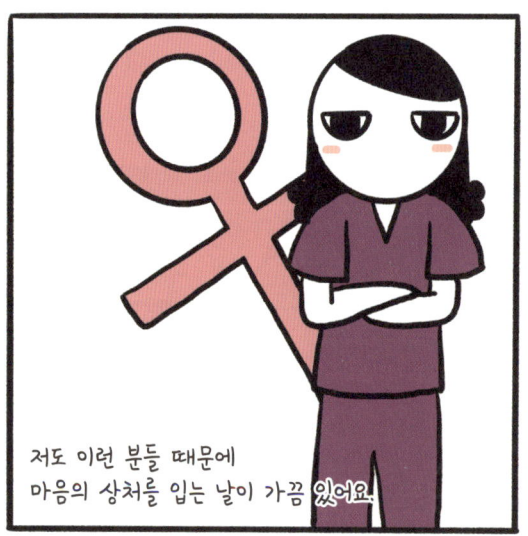

저도 이런 분들 때문에 마음의 상처를 입는 날이 가끔 있었어요.

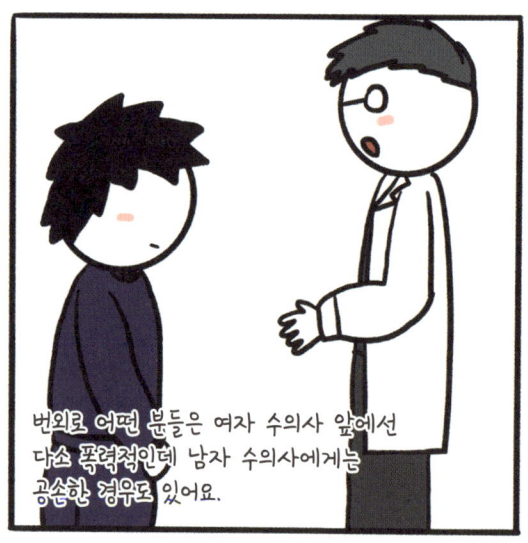

당신이 잠든 사이에

야간 근무의 주 업무는 입원 환자 돌보기!

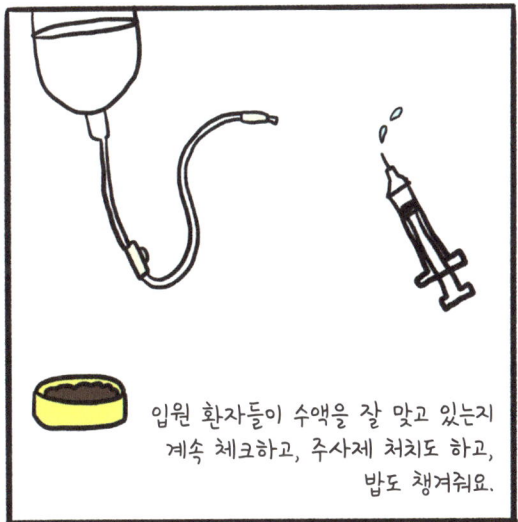

입원 환자들이 수액을 잘 맞고 있는지
계속 체크하고, 주사제 처치도 하고,
밥도 챙겨줘요.

하부 비뇨기 문제로 오줌을 못 싸는 경우

심장 문제나 폐 문제로 호흡이 좋지 않은 경우

이런 환자가 많더라고요.

아까 진료 본 보호자님이 얼마나 기다려야 하냐고 물어보세요.

네~ 금방 볼게요….

입원 환자 주사 줘야 하는데…

입원 환자도 많은데 진료도 많은 날은 엄청 힘들어요.

2장
찐 동물 병원의 삶

귀여운 보호자들

진료가 어려운 이유

강아지의 윗배(상복부)에는 담낭(쓸개)이 있는데요.
담낭 안엔 지방의 소화에 도움을 주는 담즙이
들어 있어요.

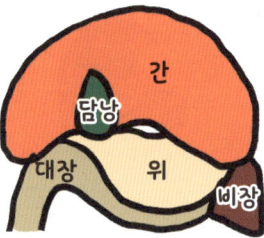

그런데 이 담낭이 터져서 오는 아이들이 종종 있죠.

담낭이 터지면 담즙 액이 새어 나와
주변 장기와 배 안에 있는 지방에 염증이 생겨요.

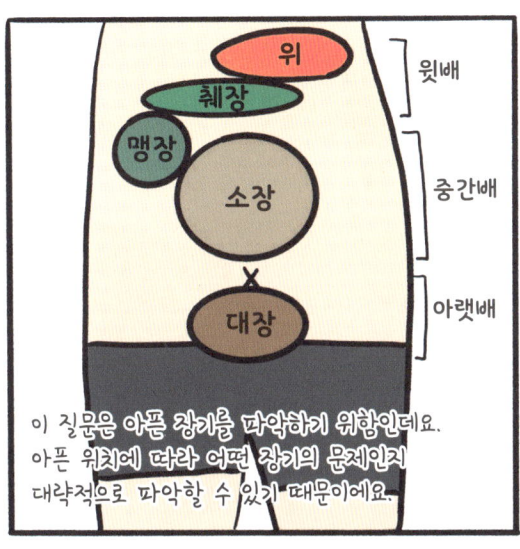

*비특이적 증상: 특정한 질병을 가리키지 않는 증상.

구토, 식욕 부진 = 소화기 문제

구토, 식욕 부진 ≠ 소화기 문제

보통 소화기 문제라고 생각하기 쉽지만
항상 그런 건 아니에요!
이런 증상을 '비특이적 증상'이라고 하는데요.

원인을 미리 알려주셨으면 힘들지 않았을 텐데 말을 안 해주셔서 다른 곳에서 원인을 찾느라 시간과 돈만 허투루 쓰게 된 꼴이었죠.

〈명탐정 코난〉에서는 코난의 추리가 잘 풀리지 않을 때 여주인공 미란이가 중요한 힌트를 던져주죠.

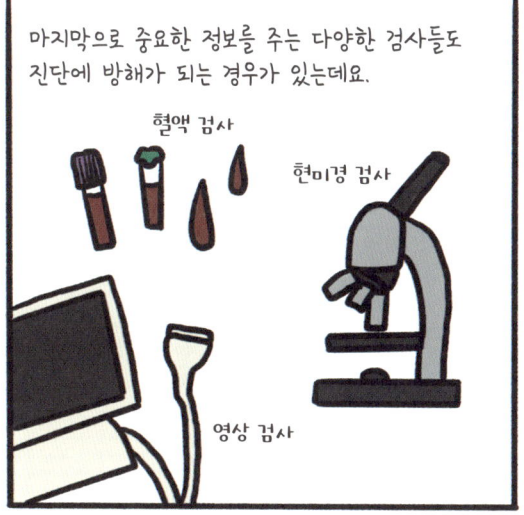

모든 검사엔 민감도와 특이도라는 게 있어요.

민감도 양성을 양성이라 할 확률

특이도 음성을 음성이라 할 확률

 민감도, 특이도 둘 다 100%인 검사는 없기 때문에 양성이 음성으로 잘못 뜰 수도, 음성이 양성으로 잘못 뜰 수도 있어요.

심지어는 약을 먹고 있거나 탈수가 있다던가 하는 외부 요인에 의해서 검사 결과가 정확하게 나오지 않는 경우가 있어 주의해야 해요!

역시 진료는 어려워

 코난, 나에게 추리 능력을 빌려줘~!

너의 이름은

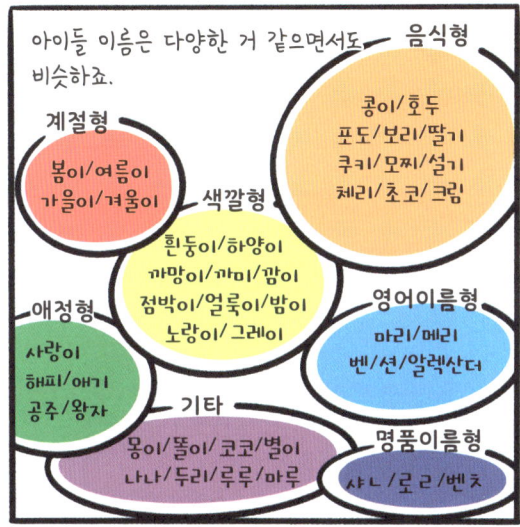

| 보호자 | 김이슬 | 동물명 | 김민지 |

보호자님 성함도 강아지 이름으로 될 법한 이름이었고 강아지 이름도 사람 이름으로 가능한 이름이었어요.

알고 보니 강아지 이름과 보호자님 성함을 제가 반대로 외워서… 보호자님 성함을 강아지 이름으로 부른 거죠.

전염병

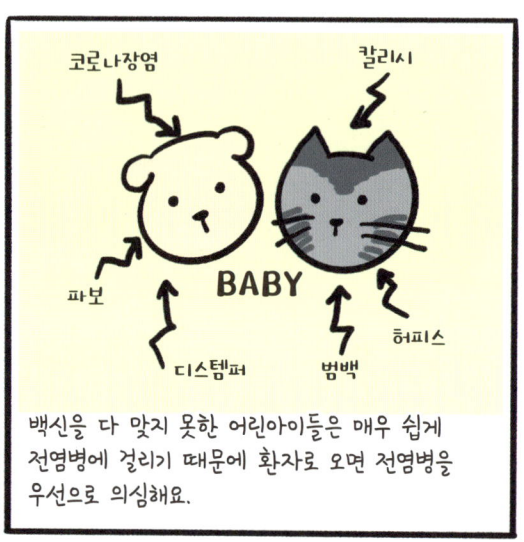

백신을 다 맞지 못한 어린아이들은 매우 쉽게 전염병에 걸리기 때문에 환자로 오면 전염병을 우선으로 의심해요.

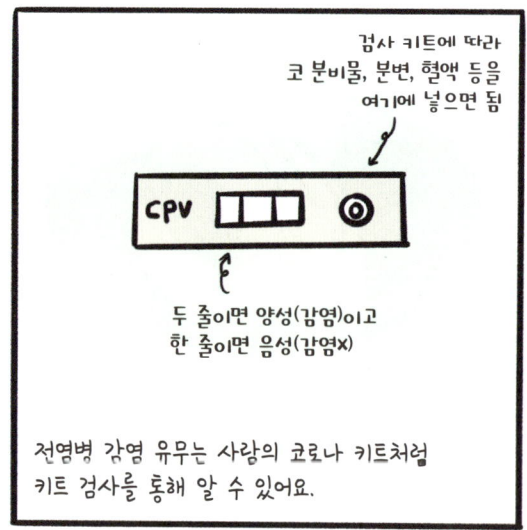

전염병 감염 유무는 사람의 코로나 키트처럼 키트 검사를 통해 알 수 있어요.

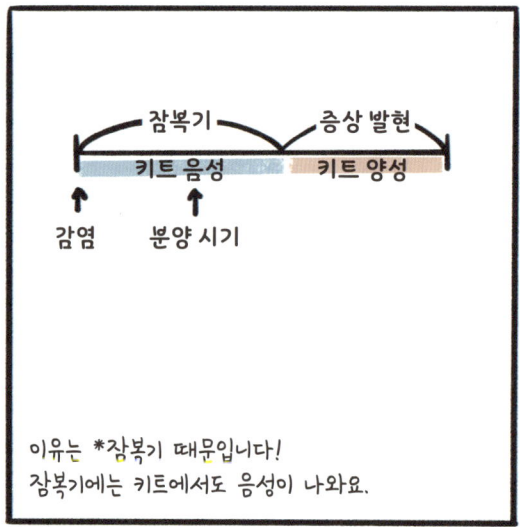

이유는 *잠복기 때문입니다!
잠복기에는 키트에서도 음성이 나와요.

*잠복기: 병원체가 증상을 나타내기까지의 기간. 질병에 따라 기간은 다를 수 있습니다.

*범백: 범백혈구감소증이라는 고양이 전염병. 사망률이 높다.

전염병은 말 그대로 다른 아이들에게 전염될 수 있기에 관리가 매우 중요해요.

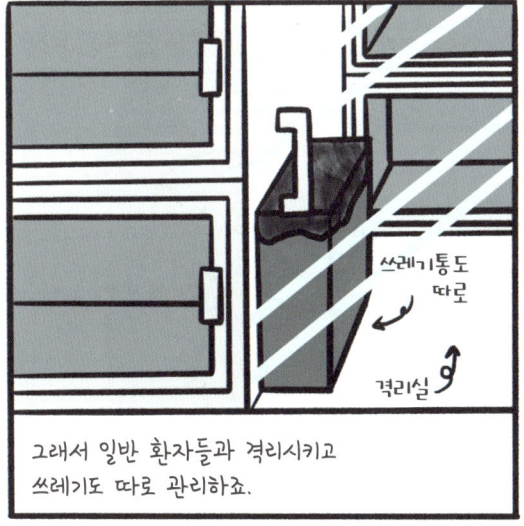

그래서 일반 환자들과 격리시키고 쓰레기도 따로 관리하죠.

특수동물 친구들

일반적인 동물 병원에는 개·고양이가 주로 오기에
*특수동물 친구들은 드물게 보는데요.

몇 없지만 기억에 남는 에피소드를 소개해볼까 해요.

*특수동물: 반려동물 중 주로 키우는 개, 고양이 외에 다른 동물.

어느 하루는 귀여운 햄스터 친구가 볼주머니가 찢어져서 내원했어요.

수술을 해야 하는 상황이었는데

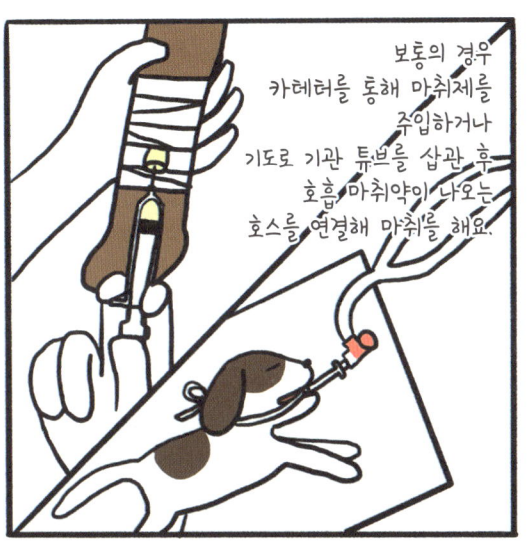

보통의 경우 카테터를 통해 마취제를 주입하거나 기도로 기관 튜브를 삽관 후 호흡 마취약이 나오는 호스를 연결해 마취를 해요.

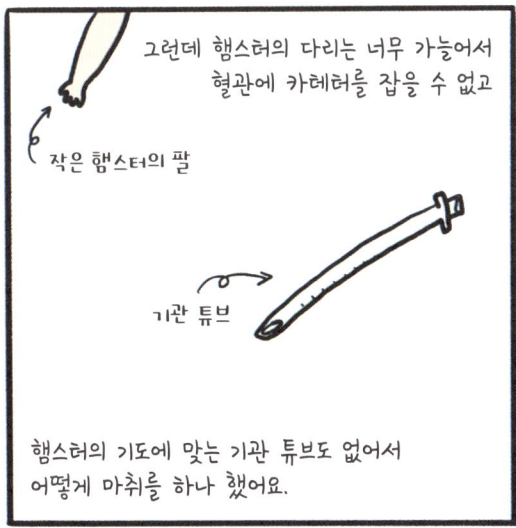

그런데 햄스터의 다리는 너무 가늘어서 혈관에 카테터를 잡을 수 없고

작은 햄스터의 팔

기관 튜브

햄스터의 기도에 맞는 기관 튜브도 없어서 어떻게 마취를 하나 했어요.

햄스터 마취는 이렇게 마스크에 갇힌 채 진행되더라고요. 신기했죠.

제가 봤던 다른 특수동물 친구는 라쿤인데요.

하이

라쿤의 손은 사람처럼 생겨서
물건을 잘 잡는다는 특징이 있어요.

그러다 보니 라쿤의 입원장을 열었을 때

여러분이 겪은 특수동물 친구들의 이야기는 무엇이 있으신가요?

털

동물 병원에서 의외로
중요한 필수품이 있는데요.
그건 바로 이발기!

병원에서 동물의 털을 밀어야 하는 경우가
정말 많기 때문인데요.

수술 전 수술 부위 오염 방지, 멸균 상태
유지를 위해 털을 많이 밀어요.

또, 초음파 검사를 할 때에도 털을 미는데요.
초음파 검사 시에 털을 밀지 않고 보면 털이
초음파를 방해해서 영상이 제대로 나오지 않기
때문이죠.

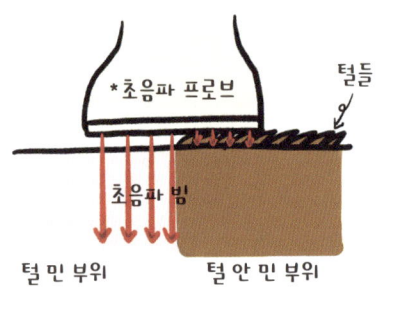

*초음파 프로브: 초음파 장치에서 직접 환자에 닿게 하여 검사하는 장치의 일부. 여기서 초음파가 나와서 환자의 장기를 영상화시킨다.

상처가 있거나 피부병이 있는 경우에 오염을 막고 소독과 연고 도포를 하기 위해서도 털을 밀요.

아이에게 혈관 카테터를 장착해야 하는데 혈관이 너무 안 보이는 경우에도 털을 밀어요.

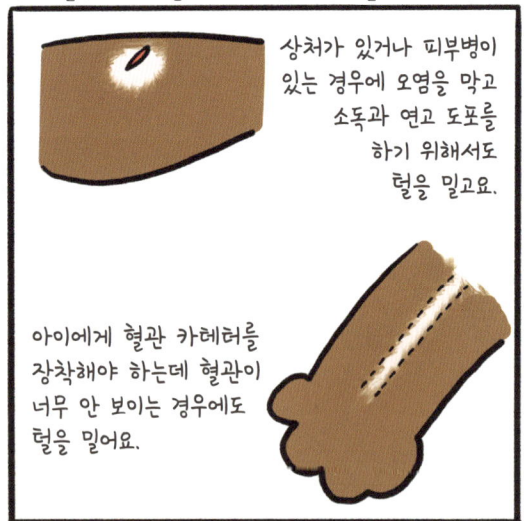

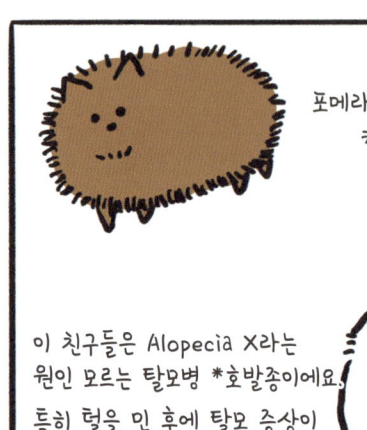

포메라니안, 스피츠를
키우시는 분들은
아시겠지만

이 친구들은 Alopecia X라는
원인 모르는 탈모병 *호발종이에요.
특히 털을 민 후에 탈모 증상이
나타나기에 털을 밀기 두렵죠.

*호발종: 어떤 질병에 대해 특별히 잘 걸리는 품종.

특히 포메라니안 친구들은
*슬개골 탈구가 많아 슬개골
수술을 하는 경우가 많은데

슬개골 탈구

수술을 위해 다리 털을 밀면
민 부분만 털이 계속
안 나기도 해요.

바지 벗은 거 같은 느낌ㅠ

*슬개골 탈구: 무릎에 있는 슬개골 뼈가 원래 위치에 있지 않고 내측이나 외측으로 빠지는 질환.

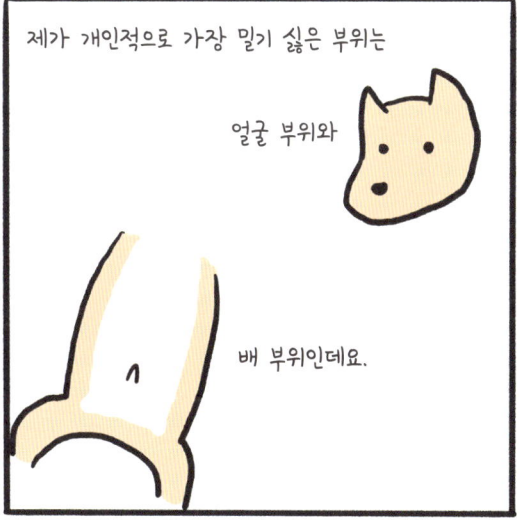

*교상: 물린 상처.

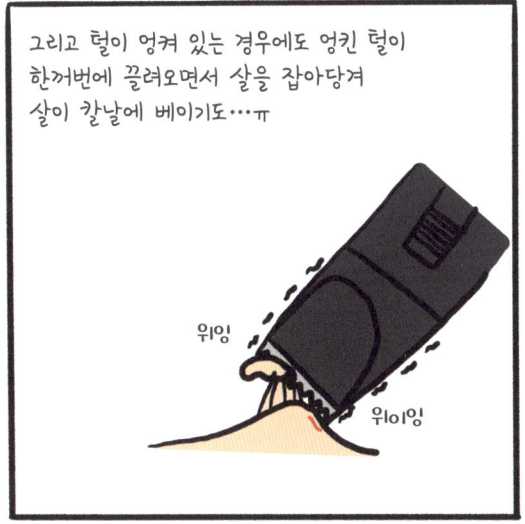

고양이는

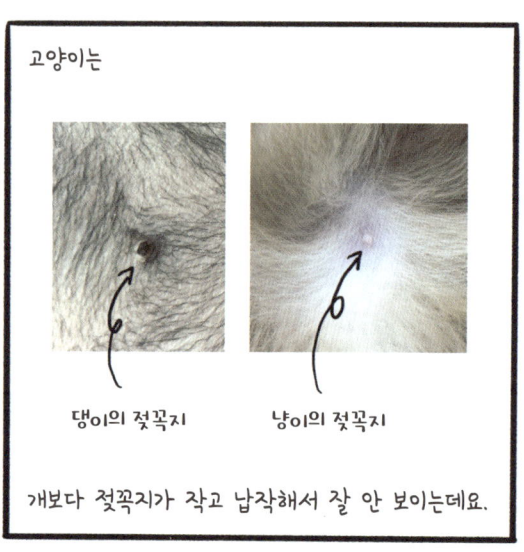

개보다 젖꼭지가 작고 납작해서 잘 안 보이는데요.

그러다 보니 조심해서 밀었는데도 불구하고 나중에 보면 상처가 나 있는 경우가 많아요.

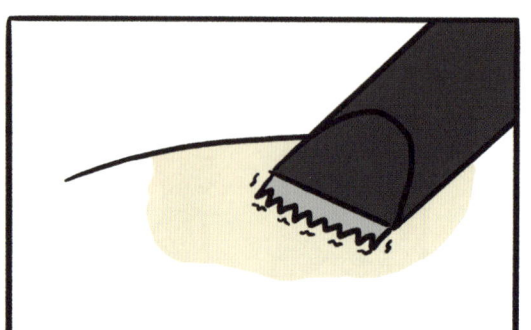

동물도 털을 짧게 밀면 피부에 자극이 되어 상처가 나지 않았어도 가렵게 되는데요. 이를 클리핑 알러지, 혹은 clipper burn이라고 해요.

아이들은 가려우니까… 털 밀었던 부위를 최선을 다해 긁게 되고요.

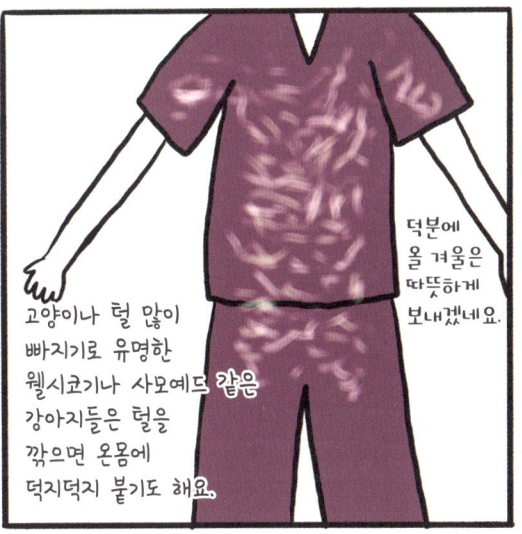

게다가 털은 아무래도 많이 날리고
그러다 보면 기계 틈새에 많이 들어가
기계가 더 잘 고장나기도….

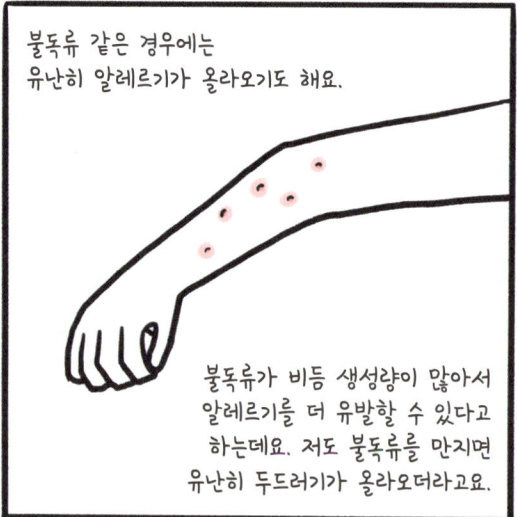

불독류 같은 경우에는
유난히 알레르기가 올라오기도 해요.

불독류가 비듬 생성량이 많아서
알레르기를 더 유발할 수 있다고
하는데요. 저도 불독류를 만지면
유난히 두드러기가 올라오더라고요.

 여러분도 털과 관련한 에피소드가 있나요?

배식

사료 먹기 싫다고
밑에 깔린 담요나 패드를
코로 덮는 시늉을 하기도 해요.

식욕이 없는 건지 아니면
입이 까다로워 안 먹는 건지
확인해보기 위해 간식을
줘보기도 하는데요.

식욕 테스트를 위해 간식을 몇 개 자리에 놓아두면

안 볼 때 금세 게 눈 감추듯 먹어버리기도 해요.

분명 식욕이 돌아올 때가 되었는데 간식조차 거부하는 아이들은

코에 맛있는 걸 발라줘서 핥게 해보거나

입을 벌려서 잇몸이나 치아에 살짝 발라주면

무언가 깨달은 표정을 짓더니

갑자기 밥을 와구와구 먹기도 하죠.

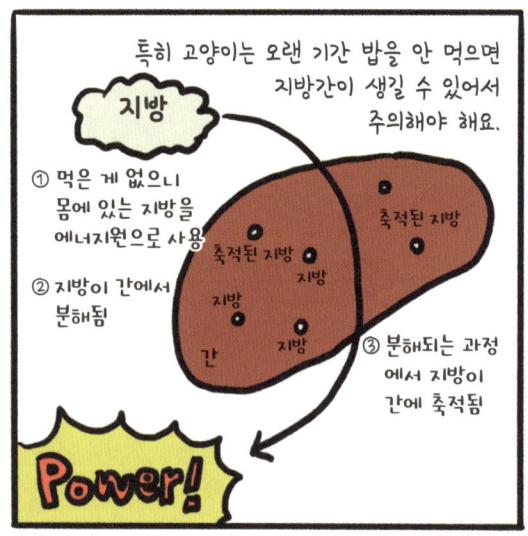

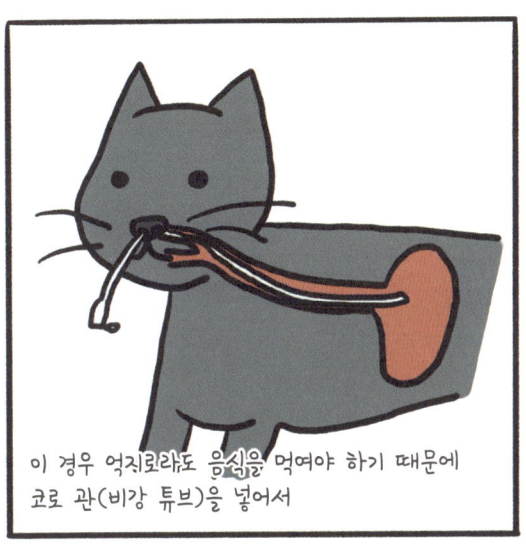

이 경우 억지로라도 음식을 먹여야 하기 때문에 코로 관(비강 튜브)을 넣어서

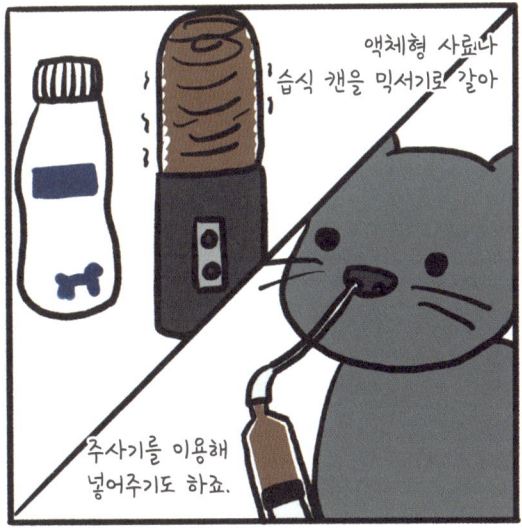

액체형 사료나 습식 캔을 믹서기로 갈아 주사기를 이용해 넣어주기도 하죠.

비강 튜브를 삽입하기 힘들거나 어느 정도 받아먹는
아이들은 주사기로 먹이기도 하는데요.

억지로 먹이다 보니 다 먹이고 나면
지저분해지는 단점이 있어요.

*입질: 물려고 하는 행위.

견상가 기억 1

호기심이 많아 먹으면 안 되는
물건이나 음식을 먹고도 많이 오는데요.

*초콜릿은
강아지에게
치명적이에요 ㅠ

이 경우 구토 처치,
심하면 수술을 하기도 하고
장염이나 췌장염으로
이어지기도 해요.

다음엔 하나뿐인 믹스견!

믹스견 친구들은 치료도 잘 이겨내고
잔병치레가 적어서
소개할 질병이 없어요.

기억의 견상 분석!
여러분도 공감하시나요?

견상가 기억 2

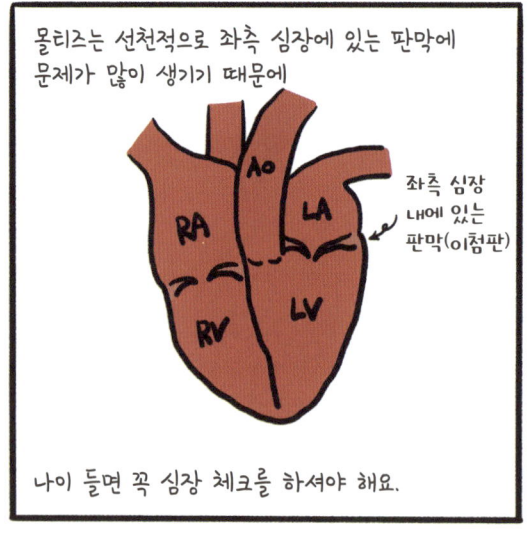

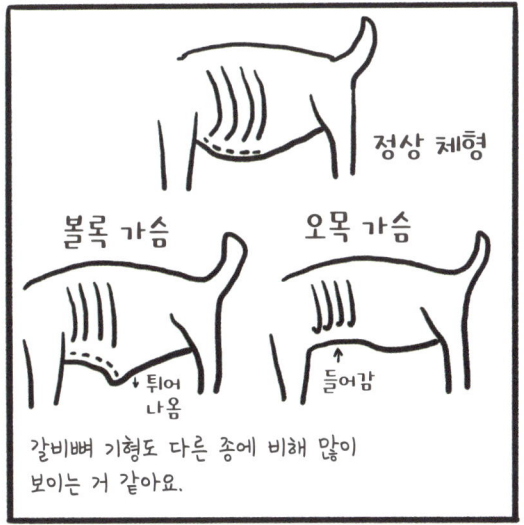

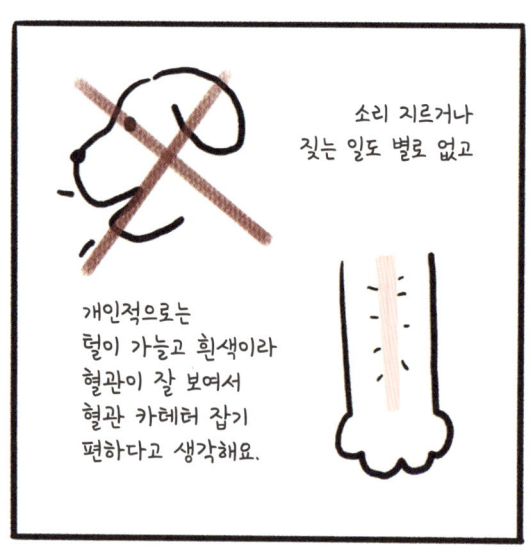

이런 견상의 아이들은 소리 지르며 물 수 있어 주의해야 해요.

어쨌든 어떤 몰티즈들이건 다 예쁘죠.

제가 키웠던 댕이의 16번째 생일날 찍은 것

다양한 질병들

인터넷이나 TV를 보면 사람에게는 정말 다양하고 특이한 병이 많아 놀랄 때가 많아요.

와, 이런 병도 있구나….

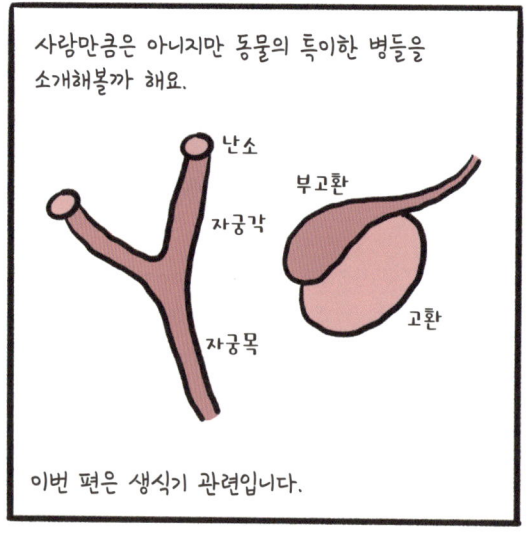

사람만큼은 아니지만 동물의 특이한 병들을 소개해볼까 해요.

난소
자궁각
자궁목
부고환
고환

이번 편은 생식기 관련입니다.

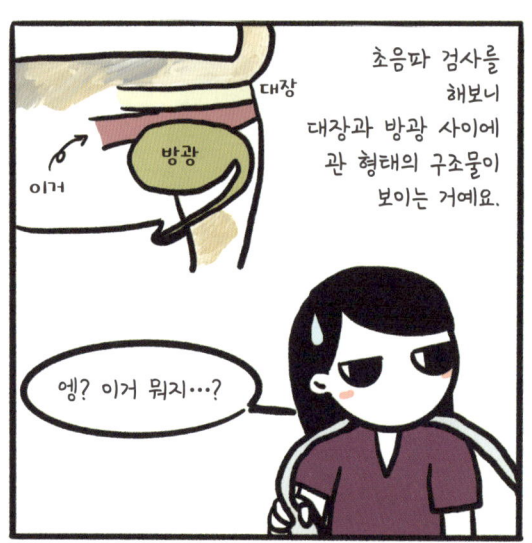

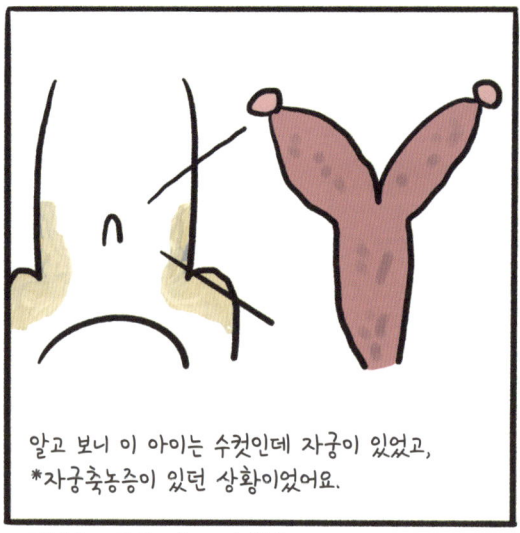

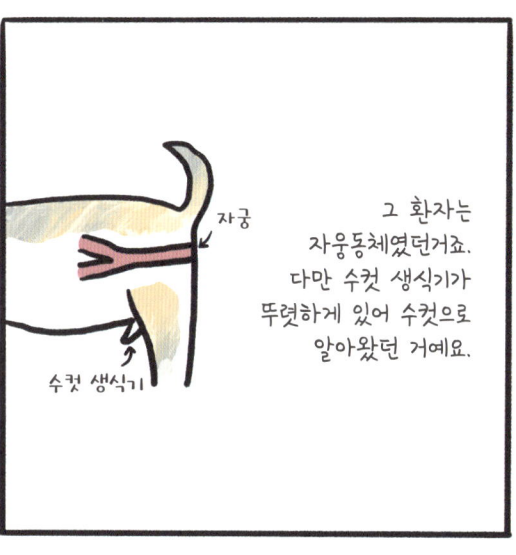

그 환자는 자웅동체였던거죠. 다만 수컷 생식기가 뚜렷하게 있어 수컷으로 알아왔던 거예요.

반대로 암컷 생식기가 뚜렷하게 있고 그 안에 작은 형태의 수컷 생식기가 있는 양상의 자웅동체가 있기도 해요.

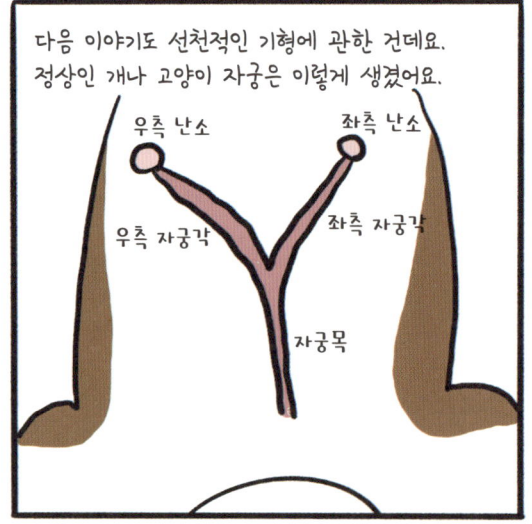

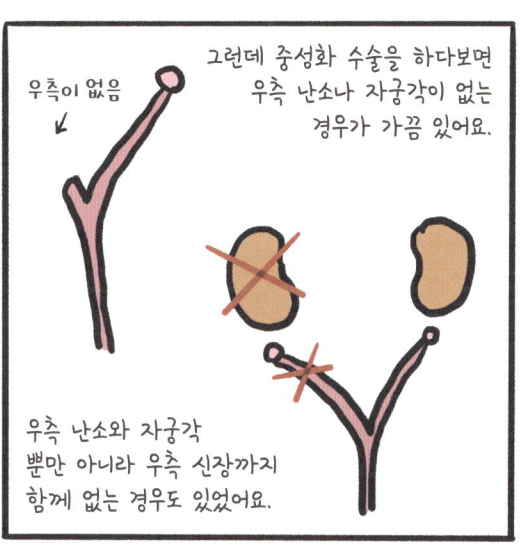

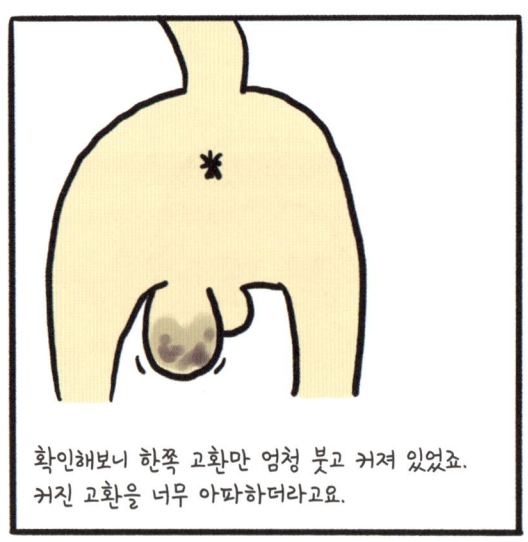

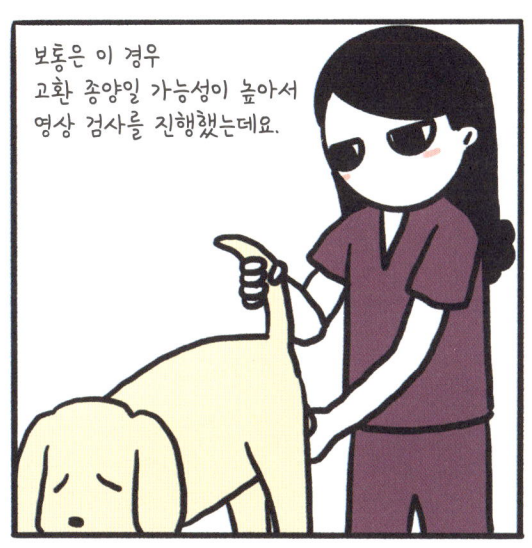

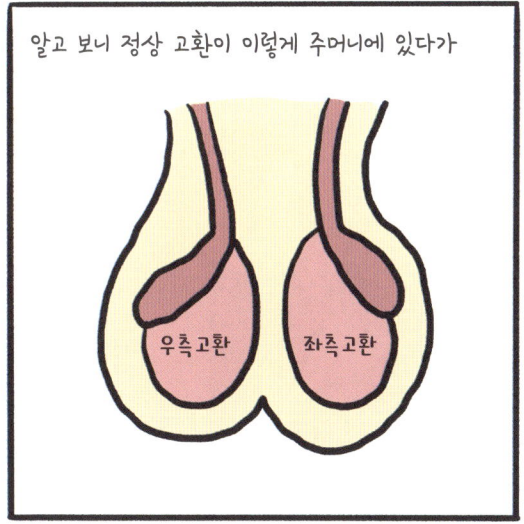

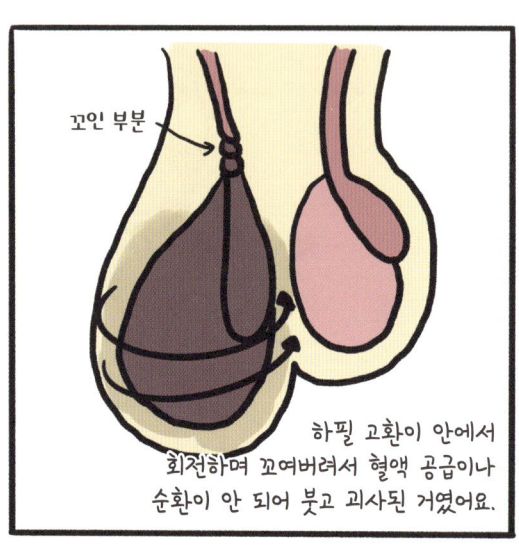

하필 고환이 안에서 회전하며 꼬여버려서 혈액 공급이나 순환이 안 되어 붓고 괴사된 거였어요.

동물에게도 다양한 병이 나타나지만 모든 동물들이 아프지 않았으면 좋겠어요!

먹이지 마세요 제발

*췌장염은 기름진 음식을 많이 먹는 경우 생길 수 있습니다.

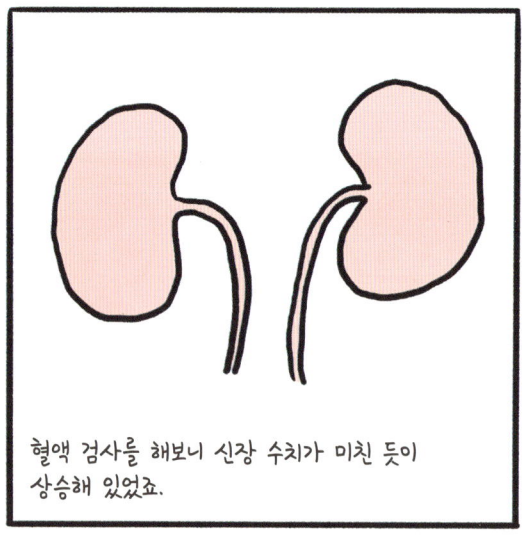

아이는 췌장염이 겨우 나아서 갔음에도 불구하고,
결국 포도 때문에 사망하고 말았어요.

강아지 좋으라고 준 음식이 되려
독이 되는 경우는 더 있어요. 예를 들면…

꾸르룩~

꾸루루룩~

꾸룩

우리가 소화 안 될 때 먹는 천연 소화제들이 있죠.

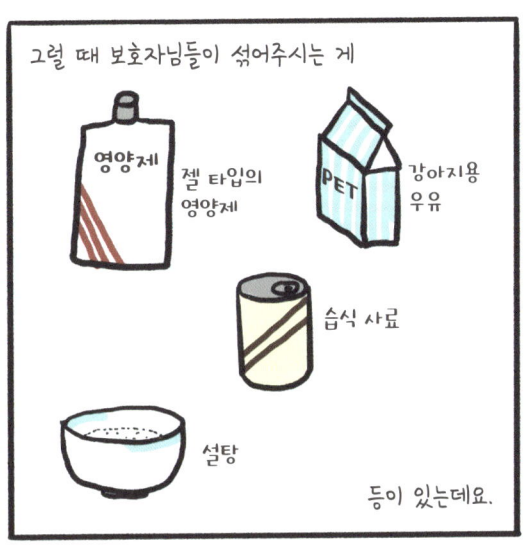

혈액 검사 결과, 아이는 심각한
*저혈당이 나왔어요.

*저혈당: 혈중 포도당 농도가 정상 이하로 떨어진 것. 기력 저하, 식욕 부진, 구토, 신경 증상 등이 나타날 수 있습니다.

보호자님과
얘기해보니
저혈당의 원인은
약이 쓸까 봐 섞어준
*'자일로스 설탕'이었어요.

*동물에게 자일로스 설탕을 주면 저혈당, 신경 증상, 간 손상 등을 일으킬 수 있어요.

단맛을 섞어주려다 자일로스가 들어있는 설탕을 급여한 사고였어요. 일반 설탕과 자일로스 설탕이 별 차이가 없을 거라 생각하셨던 거죠.

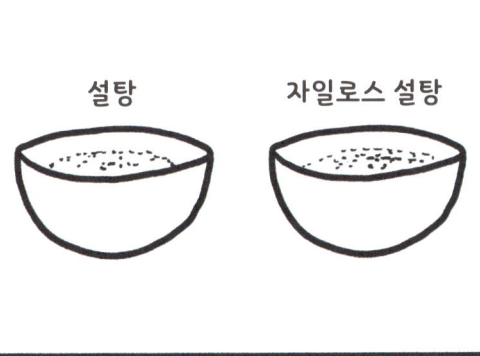

음식뿐 아니라 사람 약을 먹여서 병원에 오는 경우도 있어요.

대부분의 병이나 그에 대한 처방은 동물과 사람에서 비슷하지만, 다른 부분도 많이 있어요.

드문 일일 것 같죠? 굉장히 자주 일어나는 일이에요…. 이런 일들로 많은 아이들이 죽습니다.

아이들에게 주고 싶은 게 많으시겠지만
사람 약은 절대 주지 마시고,
음식의 경우 가급적이면 주지 마시고,
먹여도 되는 것에 한해서 소량만! 주세요.

위기탈출 넘버원 1

행복하고 안락한 내 집!
하지만 방심하면 집도 아이들에겐
위험한 공간이 될 수 있어요.

집에는 보통 전신 거울이 하나쯤 있기 마련인데요.
제가 절대 사지 않는 거울 형태가 있어요.

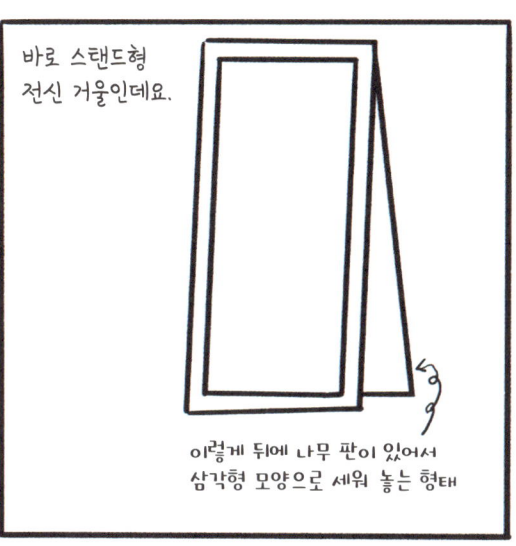

사고는 아이들이 신나게 뛰어다닐 때 생기는데요. 보호자들은 아시겠지만 아이들이 정말 무서운 힘으로 빠르게 뛰어다녀요.

그러다 전신 거울을 쳐서 거울에 깔려 다치거나 죽는 경우가 가끔 있죠.

골프채는 가볍게 휘둘러도 큰 힘이 가해지고, 보통 아이들이 보호자님께 다가가다 다치기 때문에 머리뼈가 골절되는 경우가 흔해요.

이외에도 닫히고 있는 문 사이로 아이들이 끼이는 경우도 있으니 주의해야 합니다.

위기탈출 넘버원 2

집 안은 쓰레기통을 뒤진 흔적으로 가득했어요.

쓰레기 흔적 사이를 지나
여기저기 아이를 찾아다녔어요.
그리고 방 한구석에…

아이는 여기저기 구토한 흔적과 함께
차가운 시신이 되어 있었어요.

아이가 쓰레기통을 뒤져
먹으면 안 되는 뭔가를
먹었고, 그것으로 인해
무지개 다리를 건넌 거죠.

한 고양이 보호자님이
여행을 가시게
되었어요.

호텔에 맡기기엔 아이가 예민했기에
집에 두고 갈 계획이었죠.
넉넉한 밥과 물, 여분의 화장실,
모든 준비는 완벽했어요.

보호자님은 나가기 전 마지막으로
빠진 게 없나 체크하고 가셨죠.

모든 준비가 완벽했는데… 돌아왔을 때 아이는
이미 무지개 다리를 건넌 후였어요.

도대체 무슨 일이 있었던 걸까요?

고양이들은 어둡고 좁은 곳을 매우 좋아하는데요.

고양이가 장롱에 들어간 걸 몰랐던 보호자님은 그대로 집을 나섰던 거예요.

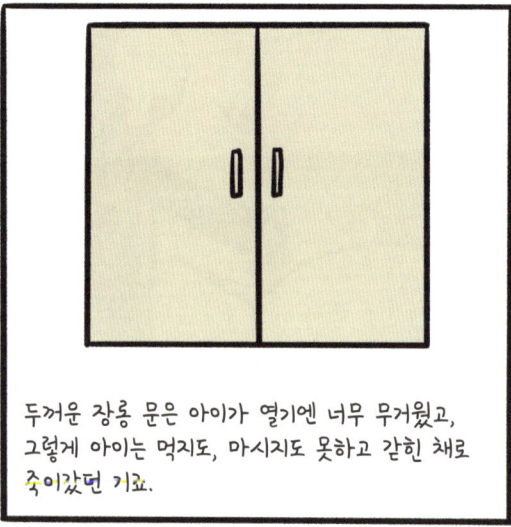

두꺼운 장롱 문은 아이가 열기엔 너무 무거웠고, 그렇게 아이는 먹지도, 마시지도 못하고 갇힌 채로 죽어갔던 거죠.

 아이들 혼자 집에 두고 갈 때는 늘 조심!

학대

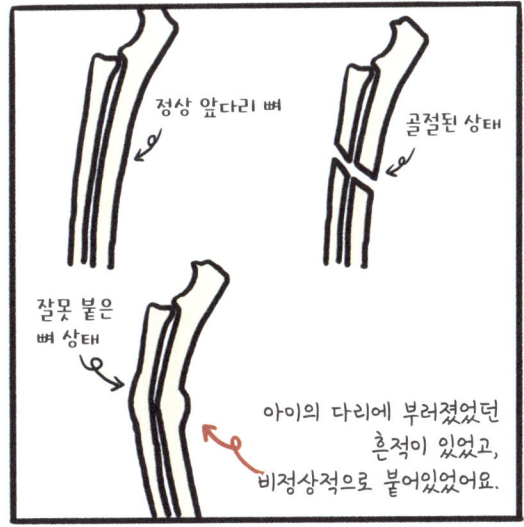

 동물도 우리와 다르지 않은 생명입니다.
아이들을 아껴주세요.

어떤 병원으로 가야 할까

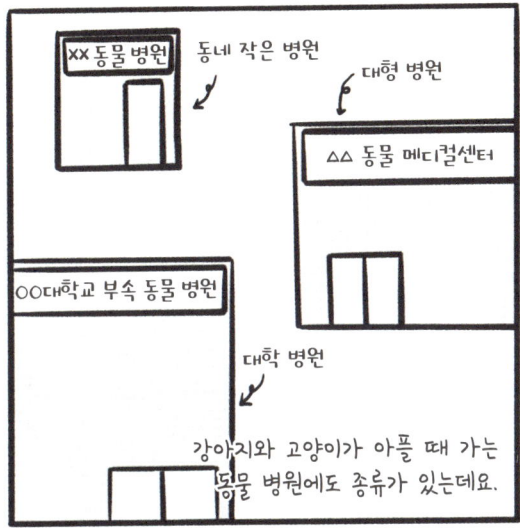

진료 시간
월~금 09:00~19:00
토 09:00~13:00

공휴일은 쉽니다.

대신에 야간 진료를 보지 않고
입원이 되지 않으니 수의사 입장에서는
다양한 환자를 경험해보기 어렵고
예) 입원이 필요한 환자, 응급 환자

마찬가지로 보호자분들도
밤에 응급 시 진료를 못 받거나

입원이 필요한 경우 다른 병원으로
이동해야 한다는 단점이 있어요.

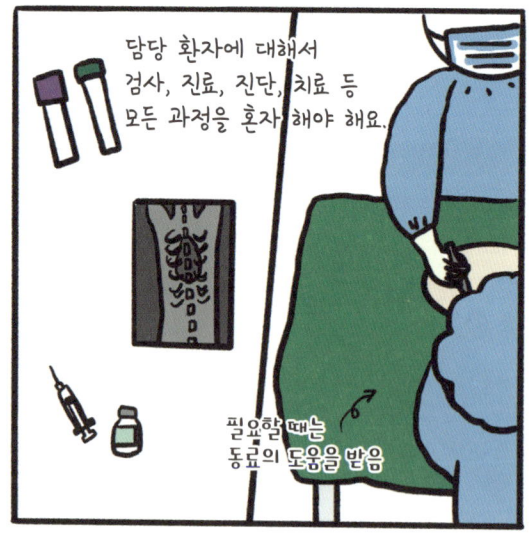

보호자 입장에서는 한 주치의가 A부터 Z까지 다 해준다는 장점이 있어요.

주치의가 직원이 아니라 원장이기 때문에 병원을 접지 않는 한 담당 의사가 바뀔 일이 없는 것도 장점인 것 같아요.

하지만 근무하는 수의사 입장에서는 워라밸이 매우 떨어져요.

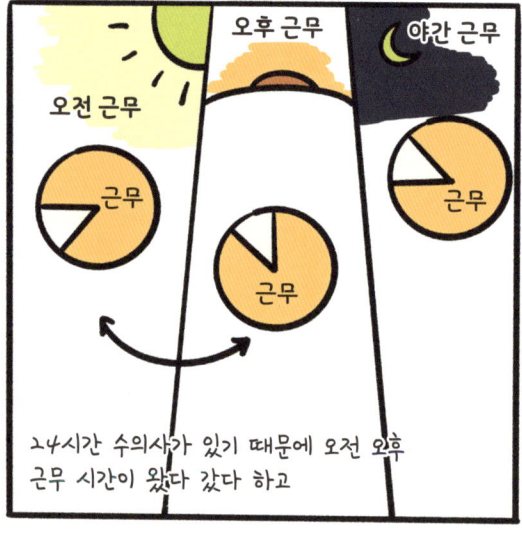

24시간 수의사가 있기 때문에 오전 오후 근무 시간이 왔다 갔다 하고

일하는 직원이 많고(보통 NN명)

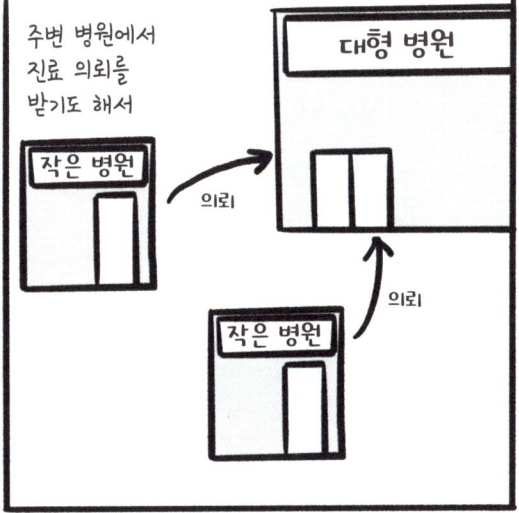

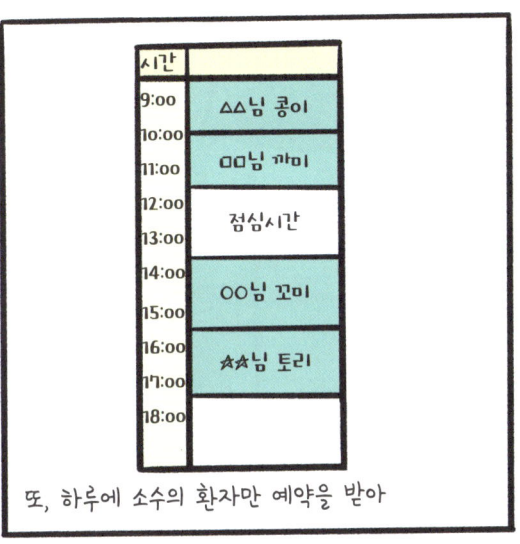

또, 하루에 소수의 환자만 예약을 받아

예약하려면 꽤 오래 기다려야 하는 경우가 많아요.

 상황에 맞는 병원에 가시면 좋겠죠?

누군가는 반성하길 바라며

저도 반려동물을 키우는 사람이라 아이들을 제대로 돌보지 못하는 분들을 보면 화가 나는데요.

혹시나 이 편을 보고 찔리는 분들이 있다면

당신!

앞으로는 그러지 마시고 지금 함께하는 반려동물에게 최선을 다해주시기 바랍니다.

치료를 하려면 자궁 제거(중성화)와 내과적 치료(항생제, 수액 등등)가 필요했어요.

보호자님께 중성화 수술을 해야 한다고 말씀드렸더니 매우 당황하시더라고요.

[부록 Q&A]

1. 소동물 수의사의 연봉은 어느 정도인가요?

소동물(강아지, 고양이) 수의사는 집 근처에서 흔히 볼 수 있는 동물 병원에서 일하는 수의사인데요. 연봉은 지역이나 병원 규모에 따라 그리고 실력에 따라서도 차이가 납니다. 인력난이 있는 지역에서는 사람 구하기가 힘드니 연봉이 높은 편이에요. 한국고용노동부에서 발표한 2020년 자료에 따르면 수의사의 평균 초봉이 4180만 원, 평균 연봉이 6190만 원이라고 나와 있는데요. 제 생각엔 초봉은 실제보다 높게 통계된 것 같고, 평균 연봉은 실제와 비슷한 것 같아요. 연차가 쌓인 석·박사 졸업자, 실력 좋고 연차 높은 학사에서 1억대 연봉도 있긴 합니다.
동물 병원 운영이 잘되는 경우, 병원에 고용되어 일하는 페이 수의사보다 자기 병원을 차려서 일하는 개원 수의사의 연봉이 높은 편인데요. 경쟁이 치열한 요즘의 동물 병원 시장에서는 필요한 기본 검사 장비가 꽤 많기 때문에 초기 개원 자금이 웬만한 사람 병원보다 많이 들어요. 또 휴무 없이 24시간 진료, 최신 장비, 전문성 등 차별성을 두려고 해야 하니, 노력이 많이 듭니다.

2. 성인도 수의사가 될 수 있나요?

성인이 되고 나서 수의사를 하려면 수능을 다시 치거나 편입을 하는 두 가지 방법이 있어요. 우선, 편입을 하려면 4년제 학사를 졸업하고 자격

요건을 갖추어 수의대에 지원해야 합니다. 학교마다 영어, 학부 성적, 면접, 필기고사 등 지원 요건이 다르니 원하는 학교에 맞춰 준비하면 됩니다. 편입의 경우 예과 2년을 건너뛰고 본과 4년만 다니게 됩니다. 한편 수능을 다시 치러 수의대에 입학하면, 예과 2년과 본과 4년을 합쳐 총 6년을 다녀야 합니다.

수의대에 도전하기엔 너무 늦은 건 아닐까 걱정하는 분들이 많은데요. 막상 수의대에 들어가 보면 결혼하신 분이나 아이가 있는 분들도 있고, 마흔 가까이 혹은 그 이상 되는 분들도 간혹 있을 정도니 그런 걱정은 안 하셔도 될 것 같아요.

3. 수의사가 아니더라도 동물 병원에서 일하는 방법이 있나요?

간단한 방법은 테크니션에 지원하는 겁니다. 동물 병원마다 지원 자격이 다를 수 있지만 대부분은 특별한 자격 없이 면접으로만 채용하는 경우가 많습니다. 하지만 테크니션은 노동 강도에 비해 급여가 적다는 단점이 있어요. 이외에도 애완동물미용사 자격이 있다면 동물 병원 내 미용실에 취직할 수도 있고 데스크 직원으로 일하거나 큰 동물 병원의 경우 사무직으로 일할 수도 있어요.

4. 수의사의 꿈을 갖고 있는 아이를 위해서 어떤 격려가 필요할까요?

다양한 수의사 선생님들을 직접 보여주는 게 좋을 것 같아요. 수의사에도 여러 종류가 있고 다양한 일을 한다는 것을 알려주는 것이죠. 반려동물이 있으시다면 함께 진료를 가보는 것도 좋을 것 같고요. 책에 다 담지는 못했지만 가축들이 많이 사는 시골, 동물원, 수족관, 실험동물이 있는 연구소 등 다양한 장소에 수의사가 있습니다. 이렇게 관련된 장소에 가실 때마다 '이런 곳에서도 수의사가 일하고 있다'고 말씀해주시면 좋지 않을까 해요.

5. 직업 만족도는 어느 정도인가요?

80% 정도 만족해요. 저는 만족도가 꽤 높은 편일 것 같아요. 만족하는 가장 큰 이유는 제가 강아지, 고양이를 키우기 때문에 스스로 내 새끼(?)를 치료할 수 있다는 점, 약이나 처방식 등의 치료를 좀 더 싸게 할 수 있다는 점이에요. 두 번째 이유는 직장이 마음에 안 들면 언제든 떠날 수 있고, 휴직 및 복직, 지역 이동이 쉬워서 결혼이나 출산, 이사 등의 큰 이슈에 좀 더 유연하게 대처할 수 있다는 점입니다. 20%가 깎인 이유는 아무래도 사람을 대하는 직업이다 보니 감정 소모로 인한 스트레스가 심하기 때문이에요.

6. 수의사로 일하면서 보람을 느낄 때는 언제인가요?

가장 보람을 많이 느낄 때는 아픈 아이가 건강해져서 퇴원할 때예요. 치료가 잘되었다는 건 '검사', '진단', '치료' 이 세 가지가 모두 충족된 상태를 말해요. 모든 치료가 뜻대로 되는 게 아니기 때문에 완치까지의 결승선에 도달하는 과정이 때로는 힘들고 복잡하기도 합니다. 모든 검사를 다 하면 진단이 쉽겠지만 검사는 비용과 직결되고, 어떤 방법은 위험이 따르기도 해요. 보호자는 '큰 비용과 위험을 안고 검사했는데 진단이 제대로 안 나오면 어쩌지' 하는 고민을 하게 되죠(저희도 마찬가지고요). 모든 선택은 보호자에게 달려 있지만 저희의 제안에 잘 따라주셔서

순조롭게 진단 및 치료가 잘되어 아이가 건강하게 퇴원하면 그보다 뿌듯한 순간은 없는 것 같아요.

이전에 푸들을 키우던 보호자님이 계셨는데 아이가 잔병치레가 많았어요. 분양 받은 지 얼마 되지 않았는데 자주 아프자 다른 가족분들이 파양 얘기를 꺼내실 정도였죠. 하지만 다행히 저희 병원에서 치료가 잘되어 계속 키우기로 하셨어요. 이후에 그 보호자님께서 제게 편지를 주셨는데, 그 편지에는 파양을 생각했던 자신을 반성하고 소중한 아이를 포기하지 않게 해줘서 감사하다고 적혀 있었어요. 치료가 잘되었다는 것도 보람차지만 이렇게 저희가 보호자님과 아이의 인생에 긍정적인 역할을 한 경우는 더더욱 잊히지 않는 것 같아요.

7. 동물 병원을 방문하는 반려동물 보호자들에게 하고 싶은 말이 있나요?

수의사와 보호자 모두 반려동물이 건강하길 바라지만 각자 놓여 있는 입장이 달라서 오해가 종종 생기는 것 같아요. 동물 병원 하면 '병원비 너무 비싸요', '병원마다 비용이 다 달라요', '돈만 밝히는 수의사들이 많아요' 등의 인식이 있는데요. 저도 수의대를 다닐 때까지만 해도 그런 생각을 가지고 있었습니다. 하지만 실제로 일을 해보니 비용이 높게 측정될 수밖에 없다는 것을 알게 되었어요. 동물은 진료 과정에 생각보다 많은 인원이 필요해서 인건비가 많이 들어요. 또, 동물들은 어디가 아픈지 직접 말하지 못하기 때문에 진단이 어려워 검사도 폭넓게 해야 하죠. 그리고 같은 질병이라도 아이들마다 몸무게 혹은 나이에 따른 위험도, 병의 진행 상태나 합병증 등 고려해야 할 다양한 요인이 많아서 각자 치료비는 달라진답니다. 이 책이 많은 반려동물 보호자에게 동물 병원의 삶을 간접적으로나마 경험하는 기회가 되면 좋겠어요.

에필로그

안녕하세요! 수의사 기역입니다. 수의사인 제가 우연히 만화를 그리고, 이제는 책 출간까지 하다니 정말 꿈만 같아요. 처음 인스타툰을 그리기 시작한 건 마음 여린 사촌 동생 때문이었어요. 수능을 준비하는 사촌 동생이 수의대에 관심이 있다는 얘기를 듣고, 수의사가 생각보다 녹록지 않은 직업이라는 것을 알려주고 싶었거든요. 동물을 사랑하는 분들, 반려동물을 키우시는 분들이 수의사라는 직업을 많이 꿈꾸시는데요. 수의사 또한 다른 직업과 마찬가지로 좋은 순간뿐만 아니라 힘든 순간들도 아주 많다는 것을 알려드리고 싶어요.

저는 '또리'라는 몰티즈 강아지와 19년간 지내면서 수의사의 꿈을 키웠고, 수의사가 되었습니다. 하지만 막상 일을 해보니 수의사란 직업은 동물을 사랑하는 마음만으로는 쉬운 일이 아니었어요. 안타깝지만 냉정해야 하는 순간도 많았습니다. 그리고 보호자와 상담을 많이 해야 하다 보니, 동물보다는 사람을 더 많이 대해야 했는데요. 아픈 동물들을 보는 것도 힘들지만, 아픈 반려동물로 인해 예민해진 보호자를 상대해야 하니 스트레스가 굉장히 심할 수밖에 없었어요. 또한 치료라는 게 아무리 열심히 잘 해도 결과는 좋지 않을 수 있으니 더더욱 어려웠죠.

저는 이 만화가 여러분들께 수의사라는 직업에 대해 좀 더 이해할 수 있는 기회가 되길 바라요. 수의사가 단순히 동물을 사랑하는 마음만 있다면 가능할 거라 생각하시는 분들, 과잉 진료, 동물 실험, 돈만 밝히는 사람, 사기꾼 등의 편견을 가지고 수의사를 대하는 분들까지. 저는 이런 오해와 편견을 접할 때마다 참 속상한 마음이에요. 하지만 이 만화를 그리는 동안 일하면서 쌓인 속앓이를 조금이나마 풀어낼 수 있었고, 구독자분들의 공감과 위로, 응원은 제게 큰 힘이 되었습니다.

2021년 4월 25일 호기롭게 인스타툰을 시작했지만 그만두고 싶을 만큼 힘들었던 순간이 많았어요. 본업과 병행

하다 보니 일이 바빠 근무 중에 쓰러진 적도 있었고, 시옷님과 결혼 준비에, 최근엔 임신까지 하게 되어 입덧과 임신 후유증을 겪기도 하고요. 하지만 항상 응원해주시는 구독자분들, 가족들, 친구들 덕분에 여기까지 올 수 있었어요. 이 자리를 빌려 그동안 응원해주신 모든 분께 감사의 인사를 드립니다. 특히 매번 원고를 꼼꼼히 검토해주고, 아이디어나 소재를 제공해주기도 하고, 응원과 조언을 아끼지 않았던 남편 시옷님에게 정말 감사하다는 말씀 전하고 싶어요. 늘 고맙고 사랑해!

2023년 5월 따뜻한 봄에
수의사 기역 드림